Buddhas Buch der Gelassenheit

Joseph Emet

Buddhas Buch der Gelassenheit

Kleine Übungen für ein stressfreies Leben

Aus dem Englischen übersetzt
von Anita Krätzer

Lotos

Die Originalausgabe erschien 2013 unter dem Titel
»Buddha's Book of Stress Reduction. Finding Serenty and Peace with Mindfuless Meditation« im Verlag Jeremy P. Tarcher, a member of Penguin Group (USA) Inc.

MIX
Papier aus verantwortungsvollen Quellen
FSC® C014889

Verlagsgruppe Random House FSC®-N001967.
Das für dieses Buch verwendete FSC®-zertifizierte Papier *EOS* liefert Salzer Papier, St. Pölten, Austria.

Lotos Verlag
Lotos ist ein Verlag der Verlagsgruppe Random House GmbH.

ISBN 978-3-7787-8249-1

Erste Auflage 2014

This edition published by arrangement with Jeremy P. Tarcher, a member of Penguin Group (USA) Inc.

Einbandgestaltung: Guter Punkt, München unter Verwendung eines Motivs von © lavoview / shutterstock
Gesetzt aus der Adobe Garamond bei EDV-Fotosatz Huber, Germering
Druck und Bindung: Pustet, Regensburg

Thich Nhat Hanh in tief empfundener Dankbarkeit gewidmet – für das Geschenk der Achtsamkeit, für die Vermittlung von Buddhas Gegenwart und seiner Worte, für die Betonung so entscheidender Dinge wie Liebe und Glück und dafür, dass er so vielen von uns die Türen zur Poesie und zur Musik geöffnet hat.

Inhalt

Zum Geleit – von Thich Nhat Hanh 11

Vorwort 13

Teil I
DER GEIST

1. Das Elend mit dem Stress 21
Übung: Lächeln! 27
2. Zwei Arten des Denkens 29
Übung: Gedanken identifizieren 55
3. Achtsamkeitstraining 59
Übung: Loslassen und präsent sein 73
Übung: Achtsamkeit und Ausgeglichenheit . . 74
4. Inspiration 79
Übung: Auf Empfindungen achten 90

Teil II
KONTROLLE UND AKZEPTANZ

5. Kontrolle ... 97
   Übung: Der Gebrauch von zwei Körben ... 103
   Übung: Nützliche Ängste ... 106
6. Leben Sie Ihre Werte, statt sich von Ihren Empfindungen leiten zu lassen ... 107
   Übung: Achtsamkeit am Speisetisch ... 122
7. Selbststeuerung und Achtsamkeit ... 125
   Übung: Morgens aufwachen ... 136
8. Suchen Sie sich Ihre Leidenschaften und Besessenheiten aus ... 139
   Übung: Gedächtnisstützen oder visuelle Mantras ... 149
9. Akzeptieren lernen ... 155
   Übung: Bespielen Sie Ihren I-Pod neu ... 166

Teil III
VERÄNDERUNG

10. Eine Begegnung mit der Veränderung ... 171
    Übung: Achtsam fahren ... 174
11. Verändern Sie Ihre Geschichte, verändern Sie Ihre Identität ... 177
    Übung: An der Bushaltestelle ... 187
12. Beziehungen ... 191
    Übung: Herbstblätter ... 207

13. Unsere Illusionen und unsere Bürden 213
Übung: Verwandeln Sie Bürden in Blumen .. 222
14. Arbeit und Stress 225
Übung: Zünden Sie eine kleine Kerze an 233
15. Sein Gleichgewicht durch einen
spirituellen Weg finden 237
Übung: Gehmeditation 244

Statt eines Nachworts 249
Danksagung 251

Zum Geleit

Achtsamkeit ist ein Kind Buddhas. Dieses Buch vermittelt Achtsamkeitslehren auf gut umsetzbare Weise. Es tut dies anhand von Übungen, die uns zeigen, wie wir diese Lehren in unterschiedlichen Bereichen des Alltagslebens anwenden können. Es ist eine Kunst zu wissen, wie man im Alltagsleben achtsam sein kann: die Kunst des achtsamen Lebens. Stress ist in unserer Zeit eine ständige Herausforderung. Und wenn wir achtsam leben, leben wir im Wissen um die Wurzeln des Stresses in uns selbst und in unserer Gesellschaft. Sobald wir die Wurzeln des Stresses erkennen, ist es leichter für uns, so zu leben, dass wir es dem Stress nicht erlauben, unser Glück und unsere Gesundheit zu zerstören.

Möge dieses Buch ein Schritt auf Ihrem Weg zur Kunst des achtsamen Lebens sein.

Thich Nhat Hanh
Plum Village, Frankreich

Vorwort

Wenn Sie Stress als eines von vielen Problemen betrachten, dann bedenken Sie bitte Folgendes: Zentrale psychologische Probleme wie Burn-out, Depression oder Angstzustände haben alle eine Stress-Komponente, und vor allem beim Burn-out ist man der Meinung, dass er die direkte Folge von extremem, lang andauerndem Stress ist.

Stress erhöht die Unfall- und die Selbstmordzahlen und fördert die Entstehung von Krankheiten, die zu den Haupttodesursachen zählen, wie Herzerkrankungen, Krebs, Lungenkrankheiten oder Leberzirrhose. Weil er die Funktionsweise des Immunsystems beeinträchtigt, verschlimmert er die meisten Infektionskrankheiten.

Er spielt eine Rolle bei sexuellen Störungen und bei Gewalttätigkeiten in der Ehe und er zerstört Beziehungen. Er fördert Süchte und den Missbrauch von Drogen und verstärkt Schlafprobleme.

Vielleicht ist das Wissen um diese Bedeutung der Grund dafür, warum heute manche bekannten Übersetzer buddhistischer Texte den buddhistischen Begriff »Dukkha«, der normalerweise als »Leiden« übersetzt wird, mit »Stress« wiedergeben.

Dieses Buch begleitet Sie den gesamten Weg vom Stress zum allgemeinen Wohlergehen. Zunächst macht es Ihnen bewusst, wie Sie in Ihrem Leben durch Ihre Haltung und Ihre Reaktionen in bestimmten Situationen zusätzlich Stress erzeugen.

Nein, es spielt sich nicht alles in Ihrem Kopf ab. Das Leben ist oft ziemlich anstrengend, und manche Leben sind dies mehr als andere. Zudem reagieren unterschiedliche Menschen auf ähnliche Situationen unterschiedlich. Aber ein Teil des Stresses spielt sich tatsächlich in Ihrem Kopf ab. Und genau von diesem Teil des Stresses sprechen alle Bücher über Stress, denn es ist der, den Sie kontrollieren können.

Für einen sinnvollen Umgang mit dem Stress ist entscheidend, dass wir den Unterschied zwischen dem, was wir kontrollieren können, und dem, was wir nicht kontrollieren können, erkennen. Und diese Erkenntnis ist per se eine Art von Erwachen.

Kümmern Sie sich vielleicht fälschlicherweise um die Angelegenheiten anderer Menschen und darum, was sie tun? Verbrauchen Sie Ihre Energie damit, sich zu wünschen, dass andere ihre Verhaltensweisen ändern mögen? Wenn das so ist, dann verlassen Sie diesen Holzweg, weil er Sie nur auslaugt. Werden Sie sich Ihrer Reaktionen auf Ihre Umwelt bewusst, und achten Sie darauf, in welcher Weise Ihre Reaktionen zu Ihrem Stress beitragen. Kehren Sie zu Ihren eigenen Angelegenheiten zurück und kümmern Sie sich darum. Genießen Sie die Annehmlichkeiten und die Früchte Ihres eigenen Gartens. Auf dieses Weise haben Sie mehr vom Leben.

Dieses Buch zeigt Ihnen mit einer Reihe von Übungen am Ende jedes Kapitels, wie Sie dies erreichen können. Einige dieser Übungen sind geführte Meditationen, andere sind Themen für die Meditation.

So sehr sich unser Blickfeld bei Stress verengt, so sehr erweitert es sich durch eine entspannte Haltung und gute Gefühle. Und während Stress eng mit negativen Gefühlen wie Furcht und Ärger verbunden wird, denkt man bei Wohlbefinden an positive Gefühle wie Liebe, Inspiration und Gelassenheit.

Stress hat tendenziell einen Scheuklappeneffekt, wodurch wir nur die negative Seite von Ereignissen und Umständen sehen, während positive Gefühle unsere Perspektive erweitern, sodass wir ein umfassenderes Bild wahrnehmen, das auch die guten Dinge berücksichtigt, die uns überall umgeben – sei es der blaue Himmel, die Blütenpracht der Blumen oder die Freude darüber, einfach am Leben zu sein.

Während uns Stress mögliche Gefahren bewusst macht, lassen uns positive Gefühle Chancen erkennen. Darum kann uns Stress in Untätigkeit gefangen halten. Positive Gefühle wie Hoffnung, Inspiration und Interesse hingegen treiben uns in Richtung Erfolg voran.

Und nicht zuletzt wird Stress mit Krankheit und einer Verkürzung der Lebensspanne in Verbindung gebracht, während der Forschung zufolge positive Gefühle unsere Gesundheit verbessern und uns länger leben lassen.

Wenn Stress die eine Seite der Münze ist, so ist Wohlergehen sprichwörtlich die Gegenseite. Auf der einen Seite der meisten Münzen sind nur Zahlen zu sehen, auf der anderen Seite dagegen ein menschliches Gesicht, ein Natursymbol oder eine Erinnerung an unserer nationales Erbe – eine umfassendere Vorstellung vom Leben. Stress ist in die Struktur unseres Lebens eingewoben, und um die von uns empfundene Stressmenge verringern zu können, müssen wir alle Aspekte unseres Lebens überprüfen. Während wir dies tun, lernen wir uns besser kennen und werden zugleich weiser. Dies wiederum vermittelt uns ein Gefühl des Wohlbehagens, der Zufriedenheit und des inneren Friedens.

Stressabbau kann uns wachsen lassen, wenn wir ihn richtig betreiben, und um ihn richtig zu betreiben, müssen wir uns stets vor Augen führen, dass unser Ziel nicht nur darin besteht, uns vom Stress zu entfernen, sondern auch darin, uns in Richtung Wohlergehen zu bewegen. Positive Gefühle der Freude und Dankbarkeit sind ihrer Natur nach Gegenmittel zum Stress. Wie im sechsten Kapitel näher ausgeführt wird, schenkt es uns außerdem Erfüllung und Wohlbehagen, wenn wir nach den Werten leben, die uns persönlich wichtig sind. Diese Werte beeinflussen unser Handeln im jeweiligen Moment. Ziele hingegen liegen in der noch unbekannten Zukunft. Der Druck, Ziele zu erreichen, kann zusätzlichen Stress erzeugen, wohingegen uns ein Leben im Einklang mit unseren eigenen Werten zufrieden macht.

Stress besteht aus zahlreichen Bestandteilen, die beispielsweise Sorge, Irritation, Ärger, Angst oder problematische Beziehungen heißen. Er hat auch viel mit unserer Denkweise zu tun. Diese Probleme werden in diesem Buch behandelt.

Wir alle brauchen das Achtsamkeitsmantra SEI JETZT HIER. Denn es ist uns allen eigen, häufig in unseren Gedanken abwesend zu sein statt bei der Person, mit der wir gerade zusammen sind. Wir können geistig woanders sein, statt das Leben zu genießen, das sich in und um uns herum entfaltet. Das Achtsamkeitsmeditationstraining hilft uns, diese weitverbreitete Angewohnheit abzubauen und ein glücklicheres Leben zu führen.

Manchmal hält uns eine schwierige Kindheit oder ein Kindheitstrauma davon ab, ganz und gar präsent zu sein. Wenn wir Verdauungsstörungen haben, versuchen wir am Morgen noch immer, das Essen vom vergangenen Abend zu verdauen. In ähnlicher Weise lecken wir jetzt möglicherweise noch alte Wunden. Das hält einen Teil von uns dort statt hier.

Wenn wir das Bedürfnis haben, uns besser zu fühlen, greifen wir eventuell zu Alkohol, Drogen oder Essen. Solche Genussmittel stehen uns überall zur Verfügung, und sie wirken direkt und sofort. Ihre Wirkung verschwindet jedoch auch schnell wieder; eine nachhaltige Veränderung findet nicht statt.

Bedenken Sie dies: Wenn Sie versuchen, sich dadurch besser zu fühlen, dass Sie ein paar Biere trinken, befinden Sie sich am Ende des Tages noch immer auf Feld eins. Nach einem mit Achtsamkeitsübungen verbrachten Tag befinden Sie sich hingegen auf Feld zwei. Und die Wirkungen der Achtsamkeitsübungen addieren sich weiterhin. Nach einem Jahr voller Ablenkungen sind Sie noch immer auf Feld eins, während Sie sich nach einem Jahr, das Sie mit Achtsamkeitstraining verbracht haben, auf Feld dreihundertfünfundsechzig befinden – einem erheblich besseren Platz! Ablenkungen mögen ihre Rechtfertigung haben, aber sie vermitteln Ihnen keine Selbsterkenntnis und befreien Sie auch nicht von der Tyrannei automatisch ablaufender Gedanken.

Es gibt zahlreiche Bücher über Stress – eine ganze Bibliothek voll. Das Gleiche gilt für Literatur über das Wohlbefinden oder über das Glück. Dieses Buch deckt beide Bereiche ab, denn es war mein Ziel, sie zusammenzubringen und aufzuzeigen, in welcher Weise sie miteinander verbunden sind.

Zu lernen, vom Stress zum Wohlbefinden hinzugehen, ist ein Hauptantrieb der buddhistischen Tradition – eine Lehre, die ich während meines Trainings der Praxis der Achtsamkeit mit dem Zen-Meister Thich Nhat Hanh aufgenommen habe. Ich betone diesen zukunftsweisenden Ansatz in meinen eigenen Kursen zum Stressabbau, und ich würde Ihnen diese wichtige Lehre gern in diesem Buch nahebringen. Ich nenne diesen Prozess Achtsamkeitstraining zum Stressabbau und zum persönlichen Wachstum. Die Verbindung zwischen diesen beiden Zielen wird Ihnen während des Lesens des vorliegenden Buches schrittweise klarer werden.

Teil I

DER GEIST

© beboy

1.

Das Elend mit dem Stress

Wissenschaftlichen Studien zufolge lächelt ein Säugling 50- bis 70-mal am Tag, ein Kleinkind etwa 600-mal. Ich bin sicher, einige von uns haben sich schon einmal gefragt, wohin dieses Lächeln verschwindet. Was beraubt uns dieses Lächelns?

Goldie Hawn

Ein ungezwungenes Lächeln ist eines der ersten Dinge, die verschwinden, wenn wir unter Stress stehen. Als Kinder haben wir viel gelächelt, weil wir ganz in dem jeweiligen Augenblick lebten. Wir hatten ein »Hier und jetzt«-Bewusstsein. Die einfachen Freuden des Lebens reichten aus, um uns fröhlich zu stimmen.

Aber mit dem Erwachsenwerden lernen wir, jenes »Hier und jetzt«-Bewusstsein zugunsten eines auf die Zukunft ausgerichteten Bewusstseins aufzugeben. Die Zukunft kann Zielsetzungen erzeugen. Denken Sie an das in der Gegenwart lebende Kleinkind, das einfach mit seinen Schnürsenkeln spielt, statt seine Schuhe anzuziehen, oder das Verstecken spielt und sein T-Shirt dabei als Requisite benutzt, statt sich anzuziehen, wie seine Mutter es verlangt. Es hat Spaß, weil es nicht über die Gegenwart hinaussieht. Anders als seine Mutter hat es keinen Plan und keine Aufgabenliste für den Nachmittag. Eine Zielsetzung hingegen verschiebt unsere Aufmerksamkeit von der Gegenwart auf die Zukunft. Und wenn wir alles mit einem Ziel im Kopf tun, verschwindet die Gegenwart.

Wie oft wurden wir, während wir aufwuchsen, von unseren Eltern gedrängt, das zu tun? Wie oft am Tag?

Achtsamkeitsübungen können uns dabei helfen, jenes Lächeln wiederzufinden und es zurück in unsere Herzen und in unser Bewusstsein zu bringen. Mit Achtsamkeitsübungen können das Lächeln in unser alltägliches Leben zurückbringen.

Lächeln entspannt. Ein aufrichtiges Lächeln kommt aus dem Herzen und strahlt durch den gesamten Körper, wodurch es jeden Körperteil besänftigt und heilt.

Finden Sie Ihr Lächeln wieder

Versuchen Sie es jetzt. Schließen Sie für eine Minute die Augen, und stellen Sie sich ein Lächeln vor, das Ihnen das Herz öffnet, so wie eine erblühende Blume ihre Blütenblätter öffnet. Nachdem Sie nun das Bild von der Blüte in ihrem Herzen vor Augen haben, malen Sie sich aus, wie sich Ihr Lächeln wie Frühlingsblüten auf der Wiese in jedem Teil Ihres Körpers ausbreitet. Das Lächeln erscheint in Ihrem Gesicht, wenn die Blumen dort ankommen. Dies ist ein Körperscan mithilfe von Blumen. (Ein Körperscan ist eine geführte Meditationsübung, die entwickelt wurde, um die Wahrnehmung von körperlichen Empfindungen und die Konzentration zu fördern. Wenn Sie bei YouTube »body scan meditation« eingeben, finden Sie viele Körperscans unterschiedlicher Länge.)

Versuchen Sie nun, die Blumen im Geist zu behalten, während Sie die Augen öffnen. Sieht die Welt jetzt nicht anders aus?

»Lächle, das Leben ist ein Wunder«, sagt Thich Nhat Hanh. Verlieren Sie sich wieder in diesem Wunder, wie Sie es einst als Kind taten. Sie sind dieses Wunder. Das Leben von innen her zu fühlen, ist wirklich ein Wunder.

Manche Menschen greifen begierig nach Körperscanübungen, so wie ein Durstiger nach einem Glas mit kühlem Wasser greift. Sie kennen das »ausgedörrte« Gefühl, das sich einstellt, wenn man nicht fähig ist, den Augenblick zu genießen, weil man ständig an die nächste Sache denkt oder für den nächsten Tag plant. Sie haben erfahren, wie es sich anfühlt, den ganzen Tag irgendwelchen Pflichten nachzukommen und sich abzumühen, ohne je den Lohn dafür einzustreichen – den Lohn, der darin besteht, den Augenblick zu genießen.

Der gegenwärtige Moment ist immer da, aber sie sind nicht da, um ihn zu genießen. Sie haben ständig an letzte Woche oder den nächsten Tag gedacht und wurden nie belohnt. So zu leben ist, als würde man Rabattmarken sammeln, ohne sie je einzulösen.

Andere sind skeptisch. Sie haben gelernt, aus der Planung für die Zukunft eine Tugend zu machen. Sie wollen nicht, dass der nächste Tag einfach kommt und sie unvorbereitet trifft. Sie plagen sich stoisch ab, weil es »richtig ist, das zu tun«. Sie sehen sogar Menschen, die sich die Zeit nehmen, ihr Leben zu genießen, schief an, weil sie glauben, ihnen fehle eine gewisse Charakterstärke.

Sie kennen das Bewusstsein eines Kindes, und Sie kennen auch das Bewusstsein einer Mutter. Sie wissen, dass ein Kind in einer anderen Welt lebt, in dem es kein Morgen gibt, nur ein Heute. Bezaubernd, aber auch frustrierend. Die Arbeit muss getan werden und Nahrungsmittel müssen eingekauft werden. Und Sie befinden sich jetzt in einer Sackgasse, in der Sie den Stress spüren und merken, dass Ihre Lebensfreude verfliegt.

Ich schlage nicht vor, dass wir die Fähigkeiten zur Bewältigung des Alltags, die wir als Erwachsene besitzen, einfach über Bord werfen. Diese mühevoll angeeigneten Fähigkeiten haben durchaus ihre Berechtigung. Mein Vorschlag lautet vielmehr, dass wir aufhören, systematisch den Augenblick wegzuwerfen. Vielen von uns ist es zur Gewohnheit geworden, in der Vergangenheit oder in der Zukunft zu leben. Wir tun das selbst noch in unserer Freizeit oder im Urlaub. Für manche Menschen sind fest umrissene Erholungsphasen sogar belastender als Arbeit. Aber zumindest ist unser Bewusstsein, wenn wir mit unserer Arbeit beschäftigt sind, nicht auf die Vergangenheit fixiert oder befasst sich mit Sorgen um die Zukunft. Arbeit ist eine Möglichkeit, das Bewusstsein auf die Gegenwart zu lenken.

Wenn der Arbeitsdruck von Ihnen weggenommen wird, empfinden Sie möglicherweise mehr statt weniger Druck. Plötzlich hat Ihr Geist nichts zu tun, und ohne Übung darin, den Augenblick zu genießen (genau das, was eine

Mutter einem Kind mühsam abzugewöhnen versucht), stellen Sie vielleicht fest, dass Sie nun nichts haben, was Sie genießen können. Vielmehr sind Sie zusätzlich gestresst und denken noch mehr über die Zukunft nach oder überdenken vergangene Handlungen. Tatsächlich empfinden viele Menschen, wie ich später noch ausführen werde, den Ruhestand als besonders belastende Zeit. Viele andere finden den Urlaub aufreibend. In beiden Fällen geht es um das Jetzt, nicht um die Zukunft.

Das Jetztbewusstsein

Präsent zu sein ist eine der Grundlagen des Achtsamkeitstrainings. Aber diese Unterweisung scheint der Ausrichtung der protestantischen Ethik entgegenzustehen, die betont, dass man *jetzt* hart arbeiten und sich mühen soll, um seinen Erfolg (vielleicht) *später* zu genießen. Aus der Perspektive dieser Weltsicht wird Spaß haben und den Augenblick genießen häufig als moralische Schwäche betrachtet.

Doch Leben findet nur in der Gegenwart statt, und die protestantische Arbeitsethik kann selbst eine Quelle von Stress sein. In der Vergangenheit oder in der Zukunft können wir nur in unserer Vorstellung leben. Und wenn wir in unserer Vorstellung leben, haben wir Probleme, zu entspannen. Nicht nur das Leben steht allein in der Gegenwart zur Verfügung, sondern auch die Erholung.

Seien Sie jetzt hier, und lassen Sie Ihren Geist ruhen

Ohne Achtsamkeit können Sie sich möglicherweise nicht erholen, wenn Sie sich Zeit dafür nehmen. Ihr Geist könnte weiter kreisen und sich über das eine oder andere sorgen oder sich über ein ärgerliches Ereignis aufregen, das am Vortag geschehen ist. Ihr Geist durchlebt diesen Ärger dann wieder und wieder, was bewirkt, dass Ihr Körper mit den gleichen Stresshormonen überflutet wird, die er während des tatsächlichen Ereignisses ausgeschüttet hat.

»Wahrlich, ich sage euch: Wenn ihr nicht umkehret und werdet wie die Kinder, so werdet ihr nicht ins Himmelreich kommen.« Dieser wertvolle Satz aus dem Matthäus-Evangelium sagt alles. Thich Nhat Hanh fügt hinzu, dass das Himmelreich JETZT ist. JETZT ist unser Zuhause, und im Augenblick zu sein, erlaubt es dem Geist, zur Ruhe zu kommen.

Achtsamkeitsübungen geben uns die Möglichkeit, mit unserem Atem und unserem Körper in Kontakt zu kommen und durch sie den Augenblick zu erfahren. Die Bürde des Zukunftsbewusstseins und des Vergangenheitsbewusstseins wird uns erleichtert, und wir lernen, im Jetztbewusstsein Freude zu finden.

Wir übernehmen das Kommando über unser Bewusstsein und unser Leben durch Achtsamkeit, nicht durch die uns antrainierten Gewohnheiten. Allerdings sind diese Gewohnheiten nicht die eigentlichen Störquellen. Sie haben es uns ermöglicht, in der Schule und bei der Arbeit erfolgreich zu sein. Stress entsteht, wenn wir vollständig mit diesen Gewohnheiten verschmelzen, wodurch wir unsere kostbare Freiheit verlieren. Ohne Achtsamkeit werden wir zu unseren Gewohnheiten.

ÜBUNG

Lächeln!

Sie können den restlichen Tag viermal pro Stunde lächeln. Wenn Ihnen die Ergebnisse gefallen, können Sie das morgen auch so machen.

Es lohnt sich, an folgendes leicht abgewandeltes Sprichwort zu denken: »Ein Weg der tausend Lächeln beginnt mit dem ersten Lächeln.« Dieses erste Lächeln könnte das erste Lächeln am Tag sein oder das erste Lächeln in einem Gespräch oder, mehr mit dem ursprünglichen Sprichwort übereinstimmend, das erste Lächeln während einer Autofahrt. Das erste Lächeln ist wichtig, weil es den Verlauf eines Tages oder den Ton einer Unterhaltung verändern kann.

Sie können sich unterstützen, häufiger zu lächeln, indem Sie an markanten Punkten Smiley-Symbole anbringen und sich so daran erinnern.

2.

Zwei Arten des Denkens

Für eine wirkliche Weiterentwicklung ist nichts wichtiger als zu erkennen, dass man nicht die Stimme des Geistes ist – man ist nur derjenige, der sie hört.

Michael A. Singer

Wir können zu jemandem, der zerstreut oder sorgenvoll oder gedankenverloren erscheint, sagen: »Du denkst zu viel.« Aber ich kann mir nicht vorstellen, dass ein zum Tod verurteilter Gefangener das je zu seinem Anwalt sagen würde. Und Sie würden nie auf die Idee kommen, das zu Ihrem Steuerberater oder zu Ihrem Arzt zu sagen. Wir wollen, dass diese Leute denken, und wir bezahlen sie dafür. Aber wir bezahlen sie, damit sie auf eine bestimmte Weise, nämlich zweckbestimmt und zu unserem Nutzen, denken.

Zwei unterschiedliche Aktivitäten werden mit »denken« bezeichnet. Manchmal denken wir mit einer bestimmten Absicht, und manchmal läuft unser Denken automatisch ab – zuweilen sogar, ohne dass wir dies bemerken. Auch kann es geschehen, dass wir annehmen, unsere automatischen Gedanken würden die Dinge so darstellen, wie sie sind, weshalb wir sie nicht infrage stellen.

Wenn wir begreifen wollen, wie wir sowohl unseren Stress als auch unser Wohlbefinden selbst erzeugen, müssen wir vor allem die Art unseres Denkens verstehen. Weil das Denken solch ein wichtiger Teil des Stresses ist, beginne ich dieses Buch mit einem genauen Blick auf diese alles durchdringende Aktivität.

Automatische Gedanken und Stress

Laurie arbeitete in einem großen Büro, wo sie Sozialhilfeempfänger betreute. Ihre Arbeit schloss auch Hausbesuche bei den von ihr Betreuten ein. In letzter Zeit hatte einer ihrer Vorgesetzten andere Mitarbeiter in dem Büro gefragt, wo Laurie sei, wenn sie auswärts unterwegs war, und er hatte außerdem versteckte Anspielungen auf ihre häufigen Abwesenheiten vom Büro gemacht. Es gab keine offenen Äußerungen, keinerlei Konfrontation, aber dennoch empfand Laurie die Situation als ziemlich belastend.

Ich fragte sie, was sie zu sich selbst über die Situation sagte. »Er vertraut mir nicht«, erwiderte sie. Ich fragte sie, ob das eine hilfreiche, realistische Einschätzung der Lage sei. Nach einem längeren Gespräch wurde klar, dass dies ein automatischer Gedanke von ihr war. Der Vorgesetzte machte es mit anderen Mitarbeitern genauso. Lauries Stress wurde weniger durch das verursacht, was ihr Vorgesetzter tat, als durch das, was sie zu sich selbst sagte – automatisch. Der Vorgesetzte machte einfach seine Arbeit.

Diese Verwechslung von dem, was tatsächlich geschieht, und der Geschichte, die wir uns selbst darüber erzählen, kommt ziemlich häufig vor. Sobald wir (mit ein wenig Unterstützung durch andere) erkennen, dass wir den größten Teil unseres Stresses selbst erzeugen, ist es einfacher für uns, damit umzugehen. Aber es kann sein, dass dieser erste Erkenntnisschritt schwer zu vollziehen ist.

Ich fragte Laurie nach den Gesprächen mit den von ihr betreuten Sozialhilfeempfängern. Empfand sie die als belastend? »Nein«, antwortete sie. Es freue sie, helfen zu können. Sie war von Natur aus ein hilfsbereiter Mensch und strahlte eine »Wie kann ich Ihnen helfen?«-Art aus, wenn sie sprach. Sie verbrachte jeden Tag mehrere Stunden mit diesen Menschen und nur ein paar Minuten pro Woche mit ihrem Vorgesetzen. Doch jene paar Minuten erzeugten mehr Stress. Über die Begegnungen mit den Sozialhilfeempfängern grübelte sie nicht weiter nach, wenn sie vorbei waren. Sie war in der Lage, das Blatt umzuschlagen und sich den nächsten Dingen zuzuwenden. Aber die Gespräche mit ihrem Vorgesetzten wiederholte sie wieder und wieder in ihren Gedanken.

Ich bat sie, sich die Geschichte, die sie sich selbst über die Treffen mit ihrem Vorgesetzten erzählte, genau anzusehen. In welcher Weise unterschieden sich diese Geschichten von den Geschichten, die sie sich über ihre Klienten erzählte? Während wir uns unterhielten, zeigte sich, dass sich ihr Bewusstsein gegenüber ihren Klienten in einem Problemlösungsmodus befand. Ihrem Vorgesetzten gegenüber schaltete sie hingegen auf ein automatisches Denken um.

Denken ist nicht immer gleich

Einen großen Teil unseres Erfolgs verdanken wir sowohl als Spezies als auch als Individuum unserem Denken. Aber wir verdanken ihm auch viel von unserem Leid.

Zielgerichtetes Denken und automatisches Denken unterscheiden sich ihrem Wesen nach beträchtlich voneinander. Zielgerichtetes Denken kann uns erfolgreich und vermögend machen und uns vor Schwierigkeiten bewahren. Automatisches Denken hingegen kann bewirken, dass wir gestresst und voller Sorgen und Ängste sind und in Schwierigkeiten geraten.

Beim zielgerichteten Denken kontrollieren wir den Prozess. Das Anfertigen unserer Steuererklärung, das Lernen für ein Examen oder das Lösen eines Problems sind Beispiele für ein zielgerichtetes Denken. Es ermöglicht einem Arzt, eine Diagnose für einen Patienten zu erstellen, einem Anwalt, sich auf seinen Fall vorzubereiten, und einem Klempner, ein Problem mit den Wasserleitungen zu verstehen. Im Moment nutze ich das zielgerichtete Denken, um dieses Buch zu schreiben.

Beim zielgerichteten Denken bestimmen *wir* darüber, was geschieht. *Wir* entscheiden, was wichtig ist und womit wir uns eingehender befassen wollen, und *wir* ziehen die Schlüsse. *Wir* haben das Kommando und setzen den denkenden Geist für unsere Zwecke ein, etwa so, wie wir einen Computer benutzen. Unser Computer entscheidet nicht darüber, welche Dokumente geöffnet werden und was in einer E-Mail stehen soll (es sei denn, wir haben uns ein Schadprogramm eingefangen).

Ein Bewusstsein, das sich im Modus des automatischen Denkens befindet, verhält sich wie ein infizierter Computer. Es wurde mit Gefühlen oder wilden Fantasievorstellungen infiziert. Beim automatischen Denken haben nicht wir das Kommando. Das Bewusstsein liefert uns die Gedanken, die es uns liefern will. Man könnte automatische Gedanken auch mit den unverlangten Werbemails vergleichen, die unsere Mailbox überfluten, oder mit der Werbung im Radio. Der einzige Unterschied besteht darin, dass automatische Gedanken aus unserem Inneren kommen statt von außen. Und dadurch entsteht ein Erkenntnisproblem: Wir glauben unseren automatischen Gedanken, und wir identifizieren uns mit ihnen, weil sie mit unserer eigenen Stimme gesprochen werden.

Automatisches Denken läuft einfach ab

Der Geist ist ein guter Diener, aber er kann ein schlechter Herr sein. Im besten Fall sind automatische Gedanken belanglos – sie spulen vergangene Erfahrungen noch einmal ab, oder sie sind Tagträume über die Zukunft. Selbst dann entfernen sie uns von dem Augenblick: Während wir Tagträumen nachhängen, können wir die Ausfahrt verpassen, die wir nehmen müssen, oder wir versäumen eine Möglichkeit, eine Verbindung zu dem Menschen herzustellen, der bei uns ist. Wir gehen unseren Tätigkeiten nur halbherzig nach, weil die andere Hälfte unseres Bewusstseins mit automatischen Gedanken beschäftigt ist.

Aber es gibt auch eine dunklere Seite des automatischen Denkens. Das Bewusstsein kann von Ängsten und Sorgen vereinnahmt werden oder von Gier und Sehnsüchten. Wenn wir zu Depressionen neigen, spielt der Geist ständig das gleiche MP3-Lied von den harten Zeiten und dem bösen Karma ab. Wenn wir zu Ängsten neigen, spielt er wieder und wieder das Lied von den Monstern im Schrank. Kein Problem wird gelöst, und diese »kostenlose Unterhaltung« bringt uns auch nicht zum Lachen. Vielmehr steigt unser Stresslevel, während unser Wohlfühllevel sinkt.

Automatisches Denken sendet auf derselben Frequenz wie das Problemlösen. Seine Stimme klingt vertraut: Es ist unsere Stimme. Und sie kann eine schädliche Wirkung haben: Der Denkprozess, dem wir vertrauen, weil er uns nützt, ist infiziert worden und hat seinen ursprünglichen Zweck verloren. Er ist von den Herren der Angst und der Sorge umgepolt worden. Wir hören vertrauensvoll zu und wir leiden. Manchmal ist es nur ein zielloses Geschwätz, und diese Botschaften sind lediglich belanglos. Aber sie können auch schädlich sein, wenn sie uns beispielsweise sagen, dass alles schiefläuft, obwohl das nicht stimmt.

Die beiden Gesichter des Denkens

Das Bewusstsein kann ein verwirrender Ort sein. Die beiden Gesichter des Denkens gleichen ein wenig den beiden symbolischen Theatermasken – dem lachenden und dem weinenden Gesicht. Dieses Symbol des Theaters stammt aus dem alten Griechenland, in dem die Schauspieler im gleichen Stück unterschiedliche Rollen spielten und dabei

Masken aufsetzten, um einen Rollen- oder Stimmungswechsel anzuzeigen.

Im Theater des Bewusstseins wechselt unser Geist vom zielgerichteten zum automatischen Denken, ohne die Masken auszutauschen und ohne es uns wissen zu lassen. Ohne Achtsamkeit sind wir möglicherweise nicht imstande, den Unterschied zu erkennen. Daher können fachlich kompetente Menschen den ganzen Tag lang bei der Arbeit die Probleme anderer Menschen lösen, indem sie ein zielgerichtetes Denken einsetzen, und anschließend, wenn sie zu Hause sind, ein Opfer selbstständiger Gedanken werden und an Depressionen leiden.

Für Psychologen ist das ein wirkliches Problem. Eine Umfrage der American Psychological Association aus dem Jahre 2009 kam zu dem Ergebnis, dass 40 bis 60 Prozent der als Therapeuten tätigen Psychologen von gewissen Beeinträchtigungen ihrer beruflichen Arbeit durch Burnout, Ängste oder Depressionen berichteten. Das ist ein hoher Prozentsatz, vor allem bei Spezialisten, die es eigentlich besser wissen sollten. Ohne Achtsamkeit kann uns genau dieses Gefühl der fachlichen Kompetenz in die Irre leiten. Fachliche Qualifikation kann unser Vertrauen in den Denkprozess erhöhen. Schließlich setzen wir unser Denken bei der Arbeit ein und sehen, wie wirkungsvoll es sein kann. Das ermuntert uns, unserem Geist kritiklos zu vertrauen, und womöglich schenken wir dann unseren eigenen Gedanken mehr Glauben.

Ein praktizierender Psychologe ist jedoch nur so lange kompetent, wie er sich des zielgerichteten Denkens bedient. Seine automatischen Gedanken sind ebenso fragwürdig wie die automatischen Gedanken jedes anderen, einschließlich seiner Klienten. Wenn er mit ihnen verschmilzt und sich mit ihnen identifiziert, begibt er sich auf schlüpfrigen Boden, weil er sich dann nicht mehr in seinem Kompetenzbereich bewegt. Schließlich hat er seine Qualifikation nicht durch den Einsatz von automatischem Denken erworben, sondern durch die Verwendung des zielgerichteten Denkens. Wie würde wohl eine Facharbeit aussehen, die nur aus automatischen Gedanken besteht, und auf welche Reaktion würde sie bei einem Professor stoßen?

Die beiden Gesichter des Grübelns

Ebenso wie das Denken hat auch das Grübeln zwei Gesichter. Eine rational begründete Befürchtung verschwindet, wenn Sie sich um das kümmern, was sie ausgelöst hat. Eine automatisch entstehende emotionale Befürchtung tut das nicht. Ist Ihre Sorge rational begründet, und gehen Sie rational mit ihr um, indem Sie vorsorgende und vorausschauende Maßnahmen ergreifen, die Sinn machen? Oder handelt es sich um eine emotional begründete Befürchtung, die sich weigert zu verschwinden, was auch immer Sie tun? Zielgerichtetes Denken kann rational begründete Sorgen beseitigen: Wir beginnen, die Situation zu analysieren, entdecken geeignete Mittel, um Abhilfe zu schaffen, und wenden sie an.

Ein Beispiel: Kürzlich haben Ihre Bremsen nicht richtig funktioniert, und Sie beginnen sich zu sorgen, dass Sie deswegen irgendwann einen Unfall haben könnten. Sie gehen zu einer Werkstatt und lassen die Bremsen richten. Das Problem ist gelöst und Ihre Sorge verschwunden.

Bei emotional begründeten Sorgen ist die Sache komplizierter. Zunächst einmal liegt die Ursache der Sorge in demjenigen, der über sie nachgrübelt. Äußere Umstände sind meistens nur Auslöser, die diesen Besorgtheitsmodus aktivieren. Solche Menschen werden zuweilen Schwarzseher genannt – eine Bezeichnung, die eindeutig auf die sich sorgende Person statt auf die Umstände weist. Automatisches Denken schürt die Flammen dieser Art von Befürchtungen, und Gefühl ist der Wind, der bewirkt, dass die Flammen wild hochschlagen und sich ausbreiten.

Effektives Denken und Achtsamkeit

Es gibt viele Bücher über effektives Denken. Diese Bücher befassen sich mit der Frage, wie man sein *zielgerichtetes* Denken verbessern kann. Ein kompetenter Angestellter hat jedoch vermutlich schon effektive Denkfähigkeiten. Er nutzt sie den ganzen Tag lang bei der Arbeit, da er die vielen Probleme löst, denen er begegnet. Aber er ist vielleicht nicht imstande, das für sich selbst zu tun, was er für andere tut. Er setzt ein zielgerichtetes Denken ein, um anderen zu helfen. Aber er verwendet möglicherweise automatische Gedanken, wenn er sein eigenes Leben betrachtet.

Wir können unser zielgerichtetes Denken verbessern, indem wir die Schulbank drücken, einen Beruf erlernen oder effektive Denkfähigkeiten erwerben. Aber wie bekommen wir unser automatisches Denken in den Griff?

Wenn wir durch automatisches Denken Angst, Depression oder Stress empfinden, hat dies eine Wirkung auf unsere Lebensqualität. Diese Wirkung kann auf negative Weise ebenso groß sein wie die positive Wirkung eines Universitätsabschlusses. In manchen Fällen kann sie sogar noch größer sein. Achtsamkeit ist eine zentrale Fähigkeit, um zu lernen, unserer automatischen Gedanken Herr zu werden.

Automatische Gedanken wahrnehmen

Wenn ein kompetenter Mensch zielgerichtet denkt, weiß er das. Wenn es sich um einen Anwalt handelt, wird er seinen Klienten möglicherweise jede Minute davon in Rechnung stellen. Zielgerichtetes Denken kann man einschalten.

Im Gegensatz dazu schleicht sich das automatische Denken heimlich an uns heran. Es kommt ungebeten und unaufgefordert. Möglicherweise merken wir noch nicht einmal, dass es passiert. Wir leben seit unserer Kindheit damit und gleichen dem sprichwörtlichen Fisch, der das Wasser nicht wahrnimmt, in dem er schwimmt.

Schwimmmeditation für den Fisch

Wenn man die Angewohnheit entwickelt, sich der automatischen Gedanken bewusst zu sein, ist das so, als würde man einem Fisch beibringen, sich der Tatsache bewusst zu werden, dass er im Wasser schwimmt. Der Fisch muss dazu Achtsamkeit beim Schwimmen üben, indem er all die Empfindungen beim Schwimmen wahrnimmt – wie die Flossen gegen etwas drücken und was während des Atmens oder des Dahingleitens geschieht –, sodass sich langsam ein Bewusstsein herausbildet, das sich eines Tages in Form von Erkenntnis entlädt. Dann versteht der Fisch vielleicht viele der rätselhaften Dinge, die ein Leben im Wasser mit sich bringt.

Die Stresspyramide

Die Achtsamkeitsmeditation schenkt dem Geist Verständnis, Klarheit und Wahrnehmung. Der Geist hat den natürlichen Drang, nach außen zu sehen. Die Menschheit hat sich in einer gefährlichen Welt entwickelt, die in Beutetiere und Raubtiere unterschied. Unsere Vorfahren mussten ständig auf der Hut sein und einerseits darauf achten, dass sie nicht von einem anderen Raubtier gefressen wurden, und andererseits sicherstellen, dass sie selbst etwas zu essen bekamen.

Häufig wird der Mensch als Krone der Schöpfung bezeichnet, der an der Spitze der Evolutionspyramide steht. Aber wir stehen auch an der Spitze der Stresspyramide. Fische empfinden physischen Stress, wenn sie sich in einem für sie ungünstigen Umfeld befinden. Aber sie sorgen sich nicht wegen hypothetischer Gefahren in der Zukunft oder ärgern sich über Dinge wie die mangelnde Verwirklichung ihres gesamten Karrierepotenzials. Menschen sind darin Experten. Wie andere Tiere auch, erleben wir physische Stressoren. Aber außerdem empfinden wir eine Menge zusätzlicher psychologischer Stressoren, die den Tieren erspart bleiben und die sich zu unseren physischen Stressoren addieren. Das ist der Preis, den wir für unseren Platz an der Spitze der Evolutionspyramide bezahlen müssen.

Nach innen blicken

Bei der Achtsamkeitsmeditation bringen wir das Bewusstsein dazu, mit einer wissenschaftlichen Haltung des Beobachtens und Akzeptierens nach innen zu blicken. Wieder und wieder gewinnt die zentrifugale Neigung des Bewusstseins die Oberhand und wendet seinen Blick nach draußen. Oder es verliert seine Konzentration und hängt Tagträumereien nach, statt zu beobachten. Wir wiederum führen das Bewusstsein zurück, damit es beobachtend nach innen blickt. Wir können das nicht ein für alle Mal tun, sondern wir müssen es wieder und wieder tun, weil sich das Bewusstsein ständig unserer Absicht entzieht.

Seit Kurzem gilt die von Malcolm Gladwell in *Überflieger: Warum manche Menschen erfolgreich sind – und andere nicht* aufgestellte 10.000-Stunden-Regel als beliebte Richtschnur für das Erlernen einer Fähigkeit. Gladwell betont, dass es harte Arbeit und Zeit erfordert, eine Fähigkeit zu erwerben. Aber seien Sie unbesorgt: Wir müssen nicht warten, bis wir ein Buddha werden, um die Früchte des Achtsamkeitstrainings kosten zu können. Jeder Fortschritt, den wir in unserer Wahrnehmung erzielen, bringt uns einen Lohn, weil er unseren Stress reduziert und unsere Freiheit vergrößert.

Übrigens hat Freiheit im Buddhismus eine spezielle Bedeutung. Freiheit heißt, über die eigenen Einstellungen und Verhaltensweisen entscheiden zu können. Wenn wir nicht frei sind, handeln wir aus einer Gewohnheit heraus oder reagieren gedankenlos auf emotionale Impulse oder auf eine Begierde oder eine Abneigung. Bei einer reflexartigen Reaktion gibt es keine Freiheit. Ohne Achtsamkeit erfolgt ein großer Teil unserer Handlungen auf solch eine automatische Weise. Menschen und Situationen »drücken auf unsere Knöpfe«, und wir handeln auf eine vorhersagbare Art. Wenn wir hingegen ein wachsendes Geschick darin entwickeln, die achtsame Haltung des Beobachters einzunehmen, lernen wir, unsere Begierden, Abneigungen und emotionalen Impulse zu beobachten, ohne von ihnen getrieben zu werden.

»Ich denke nicht, dass ich es richtig mache«

Der meditierende Buddha wirkt so mühelos und selbstverständlich. Viele Menschen messen ihre Meditationspraxis daran und stellen fest, dass sie ihre Sache im Vergleich dazu schlecht machen. Ihre eigene Meditationserfahrung ist nicht so mühelos und selbstverständlich. Daher sind sie frustriert und kommen zu dem Schluss, dass sie es falsch machen.

Aber der in Bildern und Statuen dargestellte Buddha ist kein Anfänger mehr. Wenn Sie als Anfänger Kontakt zu Ihrem Atem aufnehmen, stellen Sie ein paar Augenblicke später fest, dass Ihr Geist woanders ist. Sie nehmen Kontakt zu Ihren fünf Sinnen auf und halten Kurs, während Sie durch einen Körperscan geführt werden. Aber sobald die Anweisungen aufhören, verlieren Sie Ihre Konzentration und finden sich mitten in einem Tagtraum wieder. Der abschweifende Geist und der Tagtraum sind keine Meditation. Aber wieder und wieder zurückzukommen und absichtsvoll auf seine innere Erfahrung achtzugeben, gehört zu der Übung.

Nehmen Sie sich vor einem Perfektionismus in Acht. Ihre Konzentration muss nicht unbedingt perfekt und absolut sein. In Leonard Cohens Song *Anthem* gibt es die bekannte Zeile: »There is a crack in everything, that's how light gets in.« Auf diese Weise kommt auch der Gedanke »Es ist Zeit, mit dem Meditieren aufzuhören und etwas anderes zu tun« herein – durch einen Riss in Ihrer Konzentration. Wenn das nicht so wäre, würden Sie möglicherweise in der Meditation verharren, bis Sie sterben.

Aber ein Riss in der Wand unterscheidet sich deutlich davon, gar keine Wand zu haben. Ohne Mauer sind Sie Regen, Schnee und kalten Winden schutzlos ausgeliefert. Am Anfang der Meditationspraxis klafft möglicherweise ein breiter Spalt. Nicht nur das Licht, sondern auch viele Arten ablenkender Gedanken finden ihren Weg herein. Mit der Zeit schließt sich der Spalt dann zu einem dünnen Riss in Ihrer Konzentration, und Sie machen Ihre Sache gut.

Im Stressmodus können Sie den Stress nicht beherrschen

Wenn wir die Meditation zu einer weiteren Aufgabe machen, die wir perfekt erledigen wollen, verwandeln wir sie in eine Leistung, und damit kann sie zu einer zusätzlichen Stressquelle werden. Lassen Sie sich durch das Wort »Konzentration« nicht in den Aktionsmodus versetzen. Meditation ist eine Form des Nichttuns – kein Tagträumen, kein Wünschen, dass die Dinge anders wären, und kein Abquälen mit dem eigenen Geist, sondern einfach nur sein, als Beobachter. Unter Konzentration verstehe ich hier die Fähigkeit, diese Beobachterhaltung beizubehalten.

Nehmen wir an, Sie arbeiten in einem Obstverpackungsbetrieb, und Ihre Aufgabe besteht darin, die auf einem Laufband beförderten Äpfel zu beobachten. Wenn das Aussehen eines bestimmten Apfels Ihre Aufmerksamkeit auf sich zieht, Sie nach ihm greifen und hineinbeißen, dann haben Sie verloren und sind nicht länger der Beobachter. Ähnlich verhält es sich, wenn ein Gedanke Sie mitreißt und Sie beginnen, sich mit ihm zu identifizieren, statt ihn nur zu beobachten. Genau in diesem Moment haben Sie Ihre Konzentration verloren oder, um im Bild zu bleiben, abgebissen.

Registrieren Sie in solch einem Fall behutsam, was geschehen ist, und kehren Sie einfach zu Ihrem Atem zurück. Sie werden dies wieder und wieder tun müssen. Seien Sie deswegen nicht frustriert; am besten, Sie lächeln sich selbst zu: Sie sind ein Apfelsüchtiger, der jetzt dafür verantwortlich ist, einfach zu beobachten, wie die Äpfel vorbeiziehen! Anfangs sind Verstöße unvermeidlich und kein Grund, sich aufzuregen. Wir sind alle Gedankensüchtige.

Gedanken sind nicht nur im Kopf

Wenn wir Worte denken, werden unsere Sprechmuskeln und Stimmbänder leicht aktiviert, und wenn wir ein Wort lesen, subvokalisieren wir normalerweise. Das heißt, wir sprechen sie still mit, indem wir unsere Sprechmuskeln dabei ein wenig aktivieren. Dadurch verlangsamt sich das Lesen, weil wir dann nur mit unserer Sprechgeschwindigkeit lesen können und nicht mit unserer Denkgeschwindigkeit. Diese Feststellung ließ das Schnelllesen entstehen, bei dem wir eine Zeile in so großer Geschwindigkeit überfliegen, dass es uns unmöglich ist, einzelne Worte zu denken.

Für Behinderte gibt es computergestützte mechanische Gliedmaßen, die auf demselben Prinzip basieren. Sie verwandeln Signale aus dem Gehirn in normale elektrische Signale, die ein mechanisches Gerät aktivieren. Einen bionischen Arm können Sie heben, indem Sie einfach denken, dass Sie Ihren Arm heben. Jesse Sullivan, der erste bionische Mann der Welt, nutzt eine solche Prothese. Bei seiner Arbeit als Starkstrommonteur bekam er im Mai 2001 einen so schweren Stromschlag, dass ihm beide Arme amputiert werden mussten. Kurz darauf wurde er mit einem mechanischen Arm ausgestattet, der die aus seinem Gehirn kommenden Nervenimpulse registrieren kann. Laut dem Center for Bionic Medicine an der Northwestern Feinberg School of Medicine denkt er inzwischen nur »Hand schließen«, und seine künstliche Hand schließt sich.

Unsere Gedanken bleiben nicht einfach im Kopf. Sie strömen in den Körper. Wenn Sie beispielsweise daran denken, sich anzuziehen, denken Sie, dass Sie Ihre Arme mehrfach heben. Haben Sie schon einmal bemerkt, dass Sie, wenn Sie morgens noch etwas benommen aufwachen, durch den Gedanken daran, was Sie tragen oder was Sie zum Frühstück zubereiten wollen, auf das Aufstehen vorbereitet werden?

Scannen Sie Ihren Geist, scannen Sie Ihren Körper

Denken kann uns auch körperlich müde und gestresst werden lassen. Während wir denken, sendet das Gehirn an die entsprechenden Körperteile Signale, woraufhin sich die dortigen Muskeln leicht kontrahieren. Es baut sich möglicherweise eine zunehmende Spannung auf, wenn das Gehirn anschließend kein Signal sendet, sich wieder zu entspannen.

Ein Körperscan liefert das fehlende Signal. In einer Entspannungsübung lernen Sie, Muskel für Muskel zu entspannen und die zur Aktion auffordernden Gedanken loszulassen. Unsere Gedanken erzeugen ständig Spannungen im Körper, und das nicht nur einmal täglich oder einmal wöchentlich. Das Gehirn sagt den ganzen Tag lang: »Mach, mach, mach«, und es sagt nicht: »Entspann dich, entspann dich, entspann dich«.

Wenn Sie einmal pro Woche einen Körperscan durchführen, erfassen Sie währenddessen die Muskelanspannungen, die das Ergebnis des Denkens sind. Für eine kurze Zeit können Sie genießen, wie sich Entspannung wirklich anfühlt. Aber wenn die Übung vorbei ist und Sie wieder vom Beobachtungs- in den Denkmodus wechseln, beginnen sich die Anspannungen erneut aufzubauen.

Entspannung mit drei Atemzügen

Dieses Buch enthält fünfzehn Übungen zur Förderung einer entspannten Haltung – zu jedem Kapital eine. Weitere Entspannungsübungen wie Körperscans können Sie online finden, oder Sie können sie in Kursen, etwa in Yogakursen, erlernen. Denken Sie jedoch daran, dass das eigentliche Ziel dieser Übungen darin besteht, die Entspannungsreaktion zu einem selbstverständlichen Bestandteil Ihres Alltags werden zu lassen. Körperscans und andere Entspannungsübungen machen Sie damit vertraut, wie es sich anfühlt, entspannt zu sein, sodass Sie lernen können, dieses Gefühl zu erkennen. Aber schon Minuten nach einer Entspannungsübung kann sich die Anspannung wieder an Sie heranpirschen.

Doch es gibt auch eine gute Nachricht: Sobald Sie wissen, wie sich eine Entspannungsreaktion anfühlt, können Sie sie mit nur drei Atemzügen hervorrufen. Viele Meditierende tun das gern in Begleitung einer Achtsamkeitsglocke, die in regelmäßigen Abständen erklingt. Online finden Sie zahlreiche solche Glocken für Ihren Computer. Ich mag den Klang der kleinen Glocke auf www.fungie.info/bell oder www.mindfulnessdc.org/bell. Wenn Sie eine sanfte Erinnerungsstütze haben wollen, stellen Sie eine niedrige Lautstärke ein.

Achtsamkeit: eine Lebenshaltung

Unser Gehirn bietet uns ungefragt Gedanken und Ratschläge an. Es interpretiert jede Begebenheit und beurteilt den ganzen Tag lang Menschen und Situationen. Sie mögen einer der glücklichen Menschen sein, für die all diese Urteile und Ratschläge positiv sind. Wenn das so ist, können Sie dankbar sein, dass viele Dinge in ihrem Leben so reibungslos und mit weniger Stress ablaufen. Doch ein uneingeschränkter Optimismus hat auch seine Nachteile. Am Spieltisch oder am Aktienmarkt können Menschen ein Vermögen machen, aber auch ihr letztes Hemd verlieren. Die meisten neu gegründeten Firmen existieren weniger als fünf Jahre. Sicherheit ist lediglich ein mentaler Zustand. Wir können uns nur »sicher« sein, dass etwas entweder positiv oder negativ ausgeht.

Achtsamkeitsübungen erzeugen einen gewissen Abstand zwischen unserer Beobachterhaltung und *allen* Arten von automatischen Gedanken und mentalen Zuständen, sodass wir Entscheidungsfreiheit gewinnen. Wir *denken* vielleicht noch automatisch, aber wir müssen nicht automatisch *handeln*.

Körper und Geist wieder vereinen

Das Achtsamkeitsmantra »Sei jetzt hier« beinhaltet mehr, als es auf den ersten Blick scheint. Unser Körper ist bereits da, daran besteht kein Zweifel. Aber das Mantra zielt auf den Geist, weil es der Geist ist, der sich aus seiner Verankerung lösen und herumschweifen kann. Wir begreifen das intuitiv, weil wir diese Erfahrung alle schon gemacht haben. Achtsam sein und achtsam atmen ist ein Weg, den Geist an den Körper zu binden, sodass die beiden vereint bleiben können.

Manche Menschen, die zum ersten Mal mit der Achtsamkeitsmeditation in Berührung kommen, unterschätzen die Wichtigkeit, sich auf den Atem zu konzentrieren. Wenn sich Körper und Geist voneinander trennen und beginnen, unterschiedliche Dinge zu tun, hat man ein Problem. In *Buddhas kleines Buch vom Schlaf* weise ich darauf hin, dass eines dieser Probleme sichtbar wird, wenn man zu Bett geht.

Stellen Sie sich vor, Sie liegen in einem warmen, bequemen Bett, aber Ihr Geist schießt in einem Schlauchboot über Stromschnellen. Die durch das Abenteuer erzeugte Erregung bleibt nicht auf den Geist beschränkt, sondern strömt auch in den Körper. Würden Sie in diesem Augenblick einen Körperscan machen, dann würden Sie vermutlich feststellen, dass einige Ihrer Muskeln angespannt sind. Wenn Sie sich Ihres Atems bewusst wären, würden Sie vermutlich außerdem wahrnehmen, dass er nicht dem langsamen, entspannten Atem eines gerade eindösenden Menschen gleicht, sondern dass er ungleichmäßig ist. Trotz der Tatsache, dass alle physischen Bedingungen für das Schlafen gegeben sind, können Sie wahrscheinlich erst einmal nicht einschlafen.

Streben Ihr Körper und Ihr Geist in unterschiedliche Richtungen?

Ein weiteres Problem, das entsteht, wenn man das eine tut und etwas anderes denkt, besteht darin, dass der Körper tatsächlich zwei Dinge zur selben Zeit tut: Er versucht, sowohl auf die vorhandene Situation als auch auf die durch Ihre Gedanken erzeugten Anforderungen zu reagieren. Die beiden können in unterschiedliche Richtungen streben, als würden sie versuchen, zugleich nach links und nach rechts zu gehen. Was kommt Ihrer Meinung nach dabei raus, wenn das passiert? Links, rechts oder etwas anderes?

Ich gehe mittags ins Fitnessstudio. Der Fernseher dort läuft ständig, und zu der Zeit werden immer viele Werbefilme für Versicherungen gesendet. In einem, den ich häufig sehe, fällt eine Frau die Treppe hinunter. Das soll darauf hinweisen, dass die eigenen vier Wände ein gefährlicher Ort sind. Das Problem liegt nie darin, dass sie die Angewohnheit hat, an andere Dinge zu denken, während sie die Treppe hinuntergeht. Mangelnde Achtsamkeit wird bei einem Versicherungsfall schwer zu beweisen sein, aber eine bemerkenswerte Studie der Harvard University hat einen Weg gefunden zu messen, wie oft wir geistig abwesend sind. Das sind wir in 46,9 Prozent unserer Zeit.

Matthew Killingsworth und andere Wissenschaftler baten 2200 Testpersonen, eine App auf ein I-Phone herunterzuladen, die ein Menü bereitstellt, auf dem sie ihre jeweilige Tätigkeit auswählen und angeben konnten, ob sie gerade darüber nachdachten und wie froh oder traurig sie sich fühlten. Die Testpersonen erklärten sich einverstanden, während des Tages zu beliebigen Zeiten Anrufe entgegenzunehmen. Manche nahmen sogar Gespräche an, während sie Sex hatten! Nachdem das Team der Harvard University 250.000 Anrufe analysiert hatte, kam es zu dem Schluss, dass diese Testpersonen 46,9 Prozent ihrer Wachzeit geistesabwesend verbrachten. Zweifellos gibt es eine statistische Streuung, wobei manche von uns achtsamer sind als andere. Und irgendwo jenseits der Skala gibt es die vier Prozent der Erwachsenen, bei denen ein Aufmerksamkeitsdefizitsyndrom diagnostiziert wurde und die zusätzliche Probleme haben. Laut einer Untersuchung des National Institute of Mental Health haben Menschen mit diesem Leiden vielfältige Unfälle.

Pass auf!

Vielleicht sollten Mütter auf der ganzen Welt überlegen, diesen Ausruf gegenüber ihren unvorsichtigen Kindern durch etwas Treffenderes zu ersetzen wie zum Beispiel SEI JETZT HIER oder GEH ACHTSAM! Denn das wirkliche Problem ist die Gegenwärtigkeit. Wie können wir aufpassen, wenn wir geistig gar nicht anwesend sind?

Aus dem Nebel meiner Kindheit taucht eine Erinnerung auf: Eines Nachmittags kam ich von der Schule nach Hause. Ich war mit meiner Schultasche mit schweren Büchern und Heften beladen, und ebenso beladen war mein Geist, und ich bin gegen einen Baum gelaufen. Es war ein großer Baum, und ich spürte seine gefurchte Rinde, als ich an meine blutige Lippe fasste. Ich hatte mir einen meiner Vorderzähne abgebrochen.

Als Kind muss ich aus Unaufmerksamkeit viele Dinge angestellt haben, aber an diesen Vorfall erinnere ich mich noch immer. Auf dem Zahn habe ich eine Krone. Ich war »weit weg«, »abwesend« und »zerstreut« – alles Begriffe, die wir verwenden, um eine fehlende Gegenwärtigkeit zu bezeichnen.

Ausgeprägte Tagträumer sind zugleich weniger glücklich

Ein weiteres Ergebnis der oben erwähnten Harvard-Studie lautet, dass diejenigen Probanden, die am stärksten von der Tätigkeit abgelenkt waren, die sie gerade verrichteten, ihren Angaben zufolge unglücklicher waren als andere. Killingsworth schloss daraus: »Geistiges Abschweifen ist ein vortrefflicher Prädiktor für die Zufriedenheit von Menschen.«

Diese Studie liefert zwar keine befriedigende Antwort auf die Frage, was zuerst da war, das Unglücklichsein oder das Abschweifen des Geistes, doch sie bestätigt den Wert der »Sei jetzt hier«-Lehre. Wir rutschen auf dem glitschigen Abhang automatischer Gedanken häufig von dem gegenwärtigen Augenblick weg, und automatische Gedanken tragen auf unterschiedlichen Wegen zum Stress bei. In den folgenden Kapiteln gehe ich auf einige dieser Wege genauer ein.

Der Geist führt, der Körper folgt

Stellen Sie sich einen Hund vor: Der Kopf geht voran, und der Körper folgt. Achten Sie darauf, auf welche Weise der Geist führt! Wenn der Geist in die Hölle führt, wird der Körper folgen, selbst wenn er alles hat, was er braucht, und wenn auf all seine Launen und Einfälle eingegangen wird. Auch erfolgreiche und wohlhabende Menschen sind nicht immun gegen Depressionen. Für Außenstehende wirken sie, als hätten sie keinerlei Grund für ihre Depression. Aber es ist nicht der rationale, zielgerichtete Teil ihres Geistes, der sie dort hineinführt. Dieser zielgerichtete Teil versucht vielmehr, sie da wieder rauszuziehen. Das Problem besteht vielmehr im automatischen Denken.

Achtsamkeit beinhaltet Erkennen. Wir können lernen zu sagen: »Da ist es schon wieder, wie eine Werbepause im Fernsehen! Ich werde tief durchatmen und warten, bis es vorbei ist.« Tatsächlich hat unser Geist, ebenso wie das Fernsehen, eine doppelte Beschaffenheit. Die Fernsehprogramme, die wir aussuchen, gleichen unseren zielgerichteten Gedanken: Sie sind in gewisser Weise nutzbringend; zumindest finden wir das. Sie informieren oder unterhalten uns. Die Werbespots dagegen kommen automatisch, ob wir das nun wollen oder nicht. Stellen Sie sich vor, was mit Ihnen und Ihrer Lebensqualität geschehen würde, wenn Sie all die Werbebotschaften ernst nehmen und jedes Wort davon glauben würden. Sie würden vermutlich bankrott sein, noch bevor der Tag um wäre, weil Sie lauter neue Geräte, ein neues Auto, eine neue Versicherung gekauft und eine neue Hypothek aufgenommen hätten.

Die Werbung erscheint auf demselben Schirm und kommt aus denselben Lautsprecherboxen des Fernsehers. Doch wir kennen den Unterschied zwischen diesen Spots und dem von uns gewählten Programm. Unsere automatischen Gedanken und unsere zielgerichteten Gedanken haben dieselbe Stimme und erscheinen auf demselben Bewusstseinsschirm, aber häufig gelingt es uns nicht, zwischen ihnen zu unterscheiden. Achtsamkeitsübungen können dazu beitragen, dieses Unvermögen zu beheben.

Pfade erzeugen

Henry David Thoreau hat einmal geschrieben: »Ein einzelner Schritt lässt noch keinen Pfad auf der Erde entstehen, also wird ein einzelner Gedanke noch keinen Pfad im Bewusstsein schaffen. Um einen tiefen physischen Pfad entstehen zu lassen, müssen wir ihn wieder und wieder beschreiten. Um einen tiefen geistigen Pfad zu erzeugen, müssen wir die Art von Gedanken, von denen wir wollen, dass sie unser Leben bestimmen, wieder und wieder denken.« Wenn wir uns unbewusst automatischen Gedanken überlassen, durchqueren wiederholt ähnliche Gedanken unser Bewusstsein, ohne dass wir es bemerken, und sie erzeugen Pfade. Wir können, ohne es zu wissen, auf diese Weise Pfade mit belastenden Gedanken erzeugen, die von Angst und Sorgen gezeichnet sind.

Thoreaus Rat verweist auf das zielgerichtete Denken. »Wir müssen die Art von Gedanken, von denen wir wollen, dass sie unser Leben bestimmen, wieder und wieder denken.« Wenn Sie wollen, dass sich positive Pfade herausbilden, dann denken Sie bewusst Positives.

Ein Paradigmenwechsel

Die gesamte Literatur über das Paradies und den Garten Eden wurde von der Schönheit inspiriert, die wir hier auf Erden finden. Das ist das einzige Paradies, das wir kennen. Achtsamkeitslehren stellen so etwas wie einen Paradigmenwechsel dar – wir erfahren das Paradies durch unsere Sinne. Wir erfahren es in dem Maße, in dem wir in der

Lage sind, in unserem Körper zu Hause zu sein. Es ist der Geist, der uns diesem Paradigma zufolge in die Irre leiten kann.

Der Geist kann sich vom Körper trennen, ihn hinter sich lassen und an Orte des Kummers und der Angst gehen. Er kann die Herrlichkeit der Natur hinter sich lassen und sich in Neid, Eifersucht, Feindseligkeit und anderen negativen mentalen Zuständen verlieren, die Sackgassen darstellen. Ironischerweise bezieht sich die bekannte Plastik *Der Denker* von Auguste Rodin, die allgemein als Verherrlichung des Denkens interpretiert wird, auf Dante Alighieris *Göttliche Komödie* und wurde eigentlich für eine Darstellung des »Höllentors« geschaffen.

Körper und Geist sind nicht getrennt, sie sind Teile einer Einheit. Das Gehirn ist Teil des Körpers, und der Körper ist Teil des Geistes. Achtsamkeitsübungen versuchen, Körper und Geist zu vereinen und sie jeden Augenblick zusammenzubringen.

Wenn Sie vor einer besonderen Herausforderung stehen

Menschen, die unter Depressionen oder Ängsten leiden, haben, wie wir alle, die mentale Angewohnheit, oft in Gedanken zu sein. Außerdem haben sie mit einem zusätzlichen Problem zu kämpfen: Ihre Gedanken sind häufiger negativ. Sie benötigen noch dringender als der Rest von uns ein Achtsamkeitstraining, weil es für sie noch wichtiger ist zu lernen, ihre negativen Gedanken infrage zu stellen, statt mit ihnen zu verschmelzen. Aber ihr Training muss sich auf ihre Probleme konzentrieren, und es muss an ihre jeweiligen Voraussetzungen angepasst sein.

Wenn man deprimiert oder angstvoll ist, kann Achtsamkeit einem helfen. Doch eine Warnung vorweg: Es ist sehr schwer, diese Praktik beherrschen zu lernen und zugleich selbst einen Weg zu finden, sie auf die eigene Störung anzuwenden. Sie können sich einen Lehrer für Achtsamkeitsmeditation suchen. Außerdem gibt es achtsamkeitsbasierte Behandlungsmethoden. Zwei davon sind die Akzeptanz- und Commitmenttherapie (ACT) und die Achtsamkeitsbasierte Kognitive Therapie (MBCT) bei Depressionen. Suchen Sie nach entsprechenden Therapeuten, um mit ihnen in privaten Sitzungen über Ihre speziellen Belange zu sprechen und Hilfestellungen zu bekommen.

ÜBUNG

Gedanken identifizieren

Für diese geführte Meditationsübung setzen Sie sich aufrecht in die Meditationsposition und lesen Sie sich den folgenden Text langsam vor. Dann schlagen Sie das Buch zu und führen so viele von den Anweisungen aus, wie Sie erinnern können. Wenn der vorhin in diesem Kapitel erwähnte sprichwörtliche Fisch ein Bewusstsein für das

Wasser entwickeln wollte, bräuchte er häufige Erinnerungen wie: »Dies ist Wasser, in dem ich schwimme.« In dieser Übung drehen sich die Gedächtnisstützen um Gedanken. Indem wir die Gedanken identifizieren, können wir sie erkennen.

Ich beginne die Übung damit, mehrere Male bewusst langsam und tief durchzuatmen.

Ich richte all meine Aufmerksamkeit auf meine Atmung.

Wenn ich einatme, geht der Atem in einen inneren Raum, in dem ich seine Spur verliere.

Wenn ich ausatme, geht er in den mich umgebenden äußeren Raum und löst sich auf.

Ich steuere nicht, was der Atem tut. Ich bin mir nur meiner Atemmuskeln bewusst.

Ich weiß nicht, was mit dem Atem geschieht, wenn er sich in mir oder außerhalb von mir auflöst. Ich nehme nur die kurze Reise des Atems in meine Nase und Lunge wahr. Der Rest entzieht sich meiner Kenntnis.

Der Atem ist ein Teil von der Welt, den ich mir ausborge. Er erfrischt mich einen Augenblick lang.

Dann gebe ich ihn zurück. Bis zum nächsten Atemzug gibt es nichts, was festzuhalten wäre.

Ich lebe von Augenblick zu Augenblick.

Ich kann denselben Atemzug nicht zweimal machen. Jeder Atemzug ist neu und frisch, und jeder vollzieht sich ein wenig anders.

Wenn ich merke, dass ich denke, sage ich sanft zu mir »Gedanke« und lasse los. Dann beobachte ich wieder meinen Atem.

Jetzt atme ich nicht mehr bewusst, es geschieht von selbst.

Ich beobachte nur, wie es geschieht, so wie man Wellen am Strand beobachtet.

Gedanken steigen wie Blasen auf, wie Blasen in einer Welle.

Ich identifiziere sie, während sie durch meinen Kopf ziehen.

Die Gedanken kommen und gehen wie der Atem.

Ich lasse sie los, so wie ich jeden Atemzug loslasse. Es gibt nichts, was festzuhalten wäre.

Haben die Gedanken eine Spur hinterlassen?

Haben sie irgendeine Anspannung oder den Nachhall einer Emotion hinterlassen?

Ich scanne meinen Körper und überprüfe, ob ich irgendwo noch irgendeine Spannung halte.

Ich lockere mich und lasse los.

Gedanken hinterlassen Spannungen und Gefühle, wenn ich mich in sie verstricke.

Jetzt bin ich wachsamer: Ich identifiziere sie, während sie auftauchen.

Ich sage einfach »Gedanke«, wenn ich einen Gedanken bemerke.

Ich bleibe leicht und frei.

3.

Achtsamkeitstraining

Ich kenne nichts, was das Elend so fördert wie ein ungeschulter, untrainierter Geist.
Ich kenne nichts, was das Wohlergehen so fördert wie ein geschulter, gut trainierter Geist.
Buddha

Wie sieht es in Ihnen aus – sind Sie voller Aufmerksamkeit oder voller Gedanken? Im ersten Fall haben Sie einen weiträumigen Geist, der offen für neue Möglichkeiten ist; im zweiten Fall ist Ihr Geist voll mit Meinungen, Vorurteilen und Vorstellungen.

Hierzu eine bekannte Geschichte: Ende des 19. Jahrhunderts empfing der japanische Meister Nan-in einen Professor, der etwas über Zen erfahren wollte. Nan-in servierte ihm Tee, den er in die Tasse seines Besuchers goss. Als die Tasse voll war, hörte er nicht auf zu gießen, sondern goss weiter, sodass sie überfloss.

Als der Professor sah, dass der Meister nicht aufhörte zu gießen, rief er aus: »Stopp! Die Tasse ist bereits voll, es passt nichts mehr hinein.«

Der Meister blickte auf und erwiderte: »Sie gleichen dieser Tasse, denn Sie sind voll mit Ihren Meinungen und Annahmen. Ich kann Ihnen Zen nicht zeigen, wenn Sie nicht vorher Ihre Tasse leeren.«

Ich will annehmen, dass der besagte Meister ein liebenswürdiger Gastgeber war und bereits versucht hatte, seinem Gast etwas über Zen zu vermitteln, und dabei auf Widerstand gestoßen war. Vielleicht war der Professor ein häufiger Besucher, und der Meister wusste bereits, mit wem er es zu tun hatte. Nichts gegen Professoren, aber man braucht nicht als Alleswisser aufzutreten. Viele Menschen, die in Wirklichkeit sehr wenig wissen, können sehr rechthaberisch und von ihren eigenen Vorstellungen eingenommen sein.

Das Problem, das entsteht, wenn jemand »voller Gedanken« ist, besteht darin, dass dadurch die eigene Fähigkeit blockiert wird, im Augenblick gegenwärtig und offen für Erfahrungen zu sein.

Ich habe mein eigenes Achtsamkeitstraining mit diesen beiden Grundlagen begonnen: der Offenheit für Erfahrungen und der Bereitschaft zur Gegenwärtigkeit. Und auch mit der Wahrnehmung des Atmens, was diese beiden Prinzipien fest in meinem Körper verankert hat.

Dann wurde mir klar, dass Erinnern auch wichtig ist: Die vielen Ablenkungen des Lebens ziehen uns ständig von der Wahrnehmung des Atems fort. Wir müssen uns daran *erinnern*, zu dieser Wahrnehmung zurückzukehren, um das Gegenwärtigsein sinnvoll zu üben.

Kurz danach zeigte sich, dass »zu Sinnen kommen« ein wichtiger Teil dieser Übung ist: Wir neigen dazu, häufig in unseren Gedanken zu sein, und Gedanken können uns von dem Augenblick fortziehen. Die Sinne nehmen den gegenwärtigen Augenblick auf, und wenn wir zu Sinnen kommen, verankert uns das im Körper.

Dann folgte die Wahrnehmung von Gefühlen und verschiedenen mentalen Befindlichkeiten. Sie führte zum besseren Verstehen positiver und negativer mentaler Zustände und zur Übung des Glücklichseins. Wenn man erst einmal den Blick nach innen gerichtet hat, kann man die dortigen dunklen Wolken ebenso wie den Sonnenschein, die Stürme ebenso wie den blauen Himmel kaum noch übersehen.

Schon bald entwickelte sich aus der Übung zum Glücklichsein eine Betrachtung von Beziehungen. Erinnern Sie sich an die Raupe in *Alice im Wunderland*? Sie treibt Alice an, ihr Selbstgefühl zu vertiefen.

»Wer bist du?«, fragte die Raupe.

Alice wird angespornt, über Vergänglichkeit und Wandel nachzudenken.

»Ich weiß, wer ich heute früh war, als ich aufstand, aber ich glaube, ich muss seither ein paar Mal verwandelt worden sein.«

Dann drängt die Raupe sie, ein emotionales Bewusstsein zu entwickeln.

»Sei nicht empfindlich«, sagte die Raupe.

Meine Begegnung mit der Achtsamkeit hat eine ähnliche Wirkung auf mich gehabt und mich zu einer größeren Bewusstheit an vielen unterschiedlichen Fronten bewegt. Die Achtsamkeit hat wirklich eine große Reichweite. Wenn Sie sich mit dem Buddhismus befassen, ist sie Teil

Ihrer Übungen. Wenn Sie an einem achtsamkeitsbasierten Kursus zum Stressabbau teilnehmen, dient sie dem Stressabbau. Wenn Sie an einer Achtsamkeitsbasieren Kognitiven Therapie teilnehmen, ist sie Teil einer Behandlungsmethode. Achtsamkeit ist all das und mehr.

In einem Artikel in der *New York Times* erzählt Gina Kolata, wie achtsames Schwimmen einer Athletin half, als Erste ans Ziel zu kommen. Sie schreibt: »Wie viele andere Streckenschwimmer auch, die endlose Stunden im Pool verbringen, pflegte Natalie Coughlin, 30, ihren Tagträumen nachzuhängen, während sie ihre Bahnen schwamm. Sie ist fast ihr ganzes Leben lang eine Wettkampfschwimmerin gewesen, und auf diese Weise hat sie – und viele andere – die Langweile des Trainings bezwungen.«

Aber an einem bestimmten Punkt bemerkte Natalie Coughlin dann, dass sie, wenn sie beim Schwimmen vor sich hin träumte, lediglich ihre Strecken schaffte, nicht aber ihre Höchstleistung erreichen konnte. Also begann sie, sich auf das, was sie tat, zu konzentrieren und ihre Aufmerksamkeit während des gesamten Trainings auf ihre Technik zu lenken. »Von dem Moment an begann ich, wirklich besser zu werden«, sagte sie. »Je mehr ich das tat, desto mehr Erfolg hatte ich.« Bei den Olympischen Sommerspielen 2008 in Peking gewann Coughlin sechs Medaillen, einschließlich einer Goldmedaille.

Natalie Coughlins Achtsamkeitstraining konzentrierte sich auf ein eng begrenztes Feld – das Schwimmen. Wenn man allerdings lernen will, mit weniger Stress zu leben, muss man den Fokus erweitern, weil der Stress in jeden

Lebensbereich hineinreicht. Man benötigt einen allgemeineren Zugang zum Achtsamkeitstraining.

Viele Menschen beginnen dieses Training mit Begeisterung. Dann werden sie mit sich selbst konfrontiert. Manchmal ist das keine angenehme Erfahrung.

»Wie höre ich auf zu grübeln?«

»Wie kann ich angstvolle Gedanken abschalten?«

»Wie gehe ich mit negativen Gedanken um?«

Diese Fragen werden während der ersten Wochen meines zwölfwöchigen Kurses oft gestellt. Seit Buddha wurden sie Meditationslehrern gestellt, und es wurden Trainingsstrategien entwickelt, um den Geist zu zügeln, den Stress zu reduzieren und das Wohlbefinden zu steigern. Meine Methode unterscheidet sich ein wenig von Buddhas Methode – sie schließt nicht mit ein, dass man zum Mönch wird. Sie verlangt jedoch regelmäßige Übungen, am besten täglich. Denn nur die eigenen Übungen werden schließlich diese Fragen beantworten.

Anfangs kommt und geht die Achtsamkeit. Sie kann für einen kurzen Augenblick vorhanden sein, wenn wir daran erinnert werden, aber dann ist sie für eine lange Zeit abwesend. Das Achtsamkeitstraining bezweckt, diese kurzen Augenblicke der Achtsamkeit zu verlängern und die langen Phasen der Unachtsamkeit dazwischen zu verkürzen.

Bewusstseinszustände gleichen in gewisser Weise Gewohnheiten. Wie Gewohnheiten sind sie eine Form von Kurzschrift. Bei Angstzuständen haben wir zum Beispiel eine bestimmte furchtsame Reaktion, die zu allen Lebenslagen passt. Wir brauchen nicht erst jede Situation rational durchdenken – wir haben eine Einheitsreaktion, und wir tragen sie mit uns herum. Das fühlt sich so natürlich an, dass wir uns möglicherweise noch nicht einmal bewusst sind, wie sie beschaffen ist und woher sie kommt. Es geschieht einfach.

Buddha sagte, dass der erste Schritt der Umwandlung des Leidens in der Wahrnehmung besteht. Wir müssen wahrnehmen, dass wir ständig ängstliche Gedanken erzeugen oder traurige Gedanken oder wütende Gedanken, bevor wir den Prozess der Veränderung beginnen können.

Regelmäßige Übungen sind notwendig, weil es nicht reicht, bewusst die erforderlichen Änderungen der eigenen Grundhaltung zu akzeptieren. Unsere Einstellungen sowie unsere Denk- und Reaktionsmuster sind automatisch, sie sind zu Gewohnheiten geworden. Wir haben sie ein Leben lang eingeübt. Lediglich Vorsätze für Veränderungen zu fassen, bringt einen noch keinen Zentimeter voran. Vorsätze sind bald vergessen – häufig schon, sobald der Kurs abends beendet ist. Wir müssen neue und heilsamere Gewohnheiten entwickeln. Gewohnheiten haben ein Beharrungsvermögen, aber sie benötigen auch Zeit, um sich herauszubilden.

Wir alle haben Jahre damit verbracht, neue Gewohnheiten zu erlernen, aber nur wenige von uns erinnern sich daran. Wir haben alle sprechen gelernt. Wir haben alle gehen gelernt. Wir haben lesen und schreiben gelernt. Das Erlernen der Gewohnheit der Achtsamkeit ist nichts anderes. Aber lohnt es sich? Das ist etwas, das jeder für sich selbst entscheiden muss. Wenn Ihre alten Einstellungen Sie für Ihren Geschmack zu sehr stressen und vielleicht Ihrer Gesundheit abträglich sind, werden Sie vielleicht gern etwas daran ändern wollen. Die Lektüre dieses Buches wird Ihnen helfen, sich zu entscheiden, aber es ist ganz allein Ihre Entscheidung.

Interessant ist die Tatsache, dass viele von uns die Erfahrung gemacht haben, seit ihrer Kindheit neue Fähigkeiten zu erlernen. Wir wissen, dass das möglich ist. Die meisten von uns haben gelernt, ein Automobil zu fahren. Erinnern Sie sich daran, wie es war, als Sie beim Fahren noch nicht automatisch reagiert haben, sondern über jede Handlung bewusst nachdenken mussten? Zweiunddreißig Prozent der Teenager beherrschen das Blindschreiben. Viele andere lernen, ein Musikinstrument zu spielen, und Menschen unterschiedlichster Altersgruppen lernen, Golf oder Tennis zu spielen. Die meisten Schweizer, Quebecer, Skandinavier und Niederländer sprechen eine zweite Sprache. All diese Fähigkeiten erfordern das mühevolle Erlernen neuer Gewohnheiten. Sie verlangen, dass wir unserem inneren Elefanten beibringen, auf Verlangen Kunststücke vorzuführen.

Wir müssen nicht monate- oder jahrelang üben, bevor wir den Nutzen der Achtsamkeit erfahren können. Als wir gehen lernten, sind wir gleich am Anfang belohnt worden: Wir haben es geschafft, vom Papa zur Mama zu laufen und sind dafür fest umarmt worden. Beim Achtsamkeitstraining ist es ähnlich: Es gibt auf jeder Stufe der Übungen Belohnungen in Form kleiner Stressreduktionen.

Die Änderung der inneren Grundhaltung ist eines der großen Themen des Achtsamkeitstrainings. Als Erstes trainieren wir den Elefantentrainer, das Bewusstsein. Wir müssen zunächst einmal bewusst akzeptieren, dass Achtsamkeit nützlich ist, und wir müssen wollen, dass sie zu einem Teil unseres Lebens wird. Während dieser Phase können wir ein wenig lesen und an Gesprächen und Besinnungstagen teilnehmen. Wenn wir dort aufhören, kann es sein, dass das Bewusstsein und das Unbewusste in verschiedene Richtungen streben, weil sie jetzt unterschiedliche Wertorientierungen haben. Das Bewusstsein hat eine weniger wertende und entspanntere Haltung angenommen, aber es hat diese Haltung noch nicht an tiefere Bewusstseinsebenen weitergegeben, wo Gewohnheiten und Haltungen angesiedelt sind. Der Großteil des Achtsamkeitstrainings setzt an diesem Punkt an: dem Training des Unbewussten. Jetzt ist der Elefantentrainer so weit, den Elefanten zu trainieren. Wird er sich die Mühe machen, das zu tun?

Ein Zen-Koan

Zwei Zen-Meister plaudern miteinander. Einer fragt, wie Guanyin ihre vielen Hände einsetzt. Die Frage ist gut, weil dem Bodhisattva des Mitgefühls, der in China in weiblicher Gestalt als Guanyin verehrt wird (in Indien als der männliche Bodhisattva Avalokiteshvara), tausend Arme und Hände nachgesagt werden. Guanyin hat ihr Leben der Aufgabe gewidmet, unaufhörlich für die Erleuchtung und das Wohl aller Lebewesen zu arbeiten. Wenn Sie kleine Kinder, alte Eltern und einen Beruf haben, werden Sie sich vielleicht manchmal danach sehnen, mehr als zwei Arme zu besitzen. Aber wie setzt Guanyin jene tausend

Arme und Hände ein, wo wir genug Probleme haben, nur zwei zu benutzen?

»Es funktioniert einfach wie bei jemanden, der mitten in der Nacht nach seinem Kissen greift«, lautet die Antwort.

Mit anderen Worten: Sie macht es automatisch. Es ist ihr zu einer zweiten Natur geworden; sie braucht nicht weiter darüber nachzudenken. Sie hat ihren Elefanten trainiert und ihr Unbewusstes programmiert.

Richard, einer meiner Tai-Chi-Lehrer, hat mir, um dies zu veranschaulichen, folgende Geschichte erzählt: Zusätzlich zu seinem sehr intensiven Tai-Chi-Training hat er sich mit Aikido und Kung Fu befasst. Er lebte und atmete Kampftechniken. Wenn er zwei Kerle im Park auf sich zukommen sah, so stellte er sich, wie er erklärte, schon in Vorfeld vor, was er tun würde, falls sie sich entschlossen, ihn anzugreifen.

Eines Nachts bemerkte Richard mitten im Schlaf eine leichte Unruhe. Er wachte auf und stellte fest, dass er seine Partnerin bereits im Würgegriff hielt. Die Unruhe, die er gespürt hatte, war dadurch entstanden, dass sich seine Partnerin im Schlaf unschuldig umgedreht hatte. Richard hatte automatisch reagiert, weil er während all der Jahre intensiven Trainings auch sein Unbewusstes programmiert hatte, aber in eine andere Richtung.

Wir programmieren unser Unbewusstes immer, auch wenn wir dies vielleicht nicht bemerken. Wir programmieren es oder verstärken seine vorherige Programmierung jedes Mal, wenn wir mit Furcht und Stress reagieren, und jedes Mal, wenn wir Dinge halbherzig tun.

Elefantentraining

Unser Bewusstsein gleicht dem Lichtstrahl einer Taschenlampe in der Nacht – es erhellt alles, worauf wir damit zeigen. Es kann unterschiedliche Objekte und Bereiche beleuchten, aber immer nur eins auf einmal. Der Rest bleibt im Dunklen. Wenn wir uns mit einer Sache befassen, bleibt erheblich mehr in der Dunkelheit als erhellt wird, ebenso wie dies bei einer Taschenlampe der Fall ist. Wenn wir wollen, dass die dunklen Bereiche in unserem Geist im Einklang mit unseren Werten schwingen, müssen wir den gesamten Geist trainieren. In Buddhas Lehre wird das »Trainieren eines wilden Elefanten« als Metapher für das Trainieren des Geistes verwendet. Im *Dhammapada* sagt Buddha:

»Zuvor wanderte mein Geist, wie es ihm gefiel, wohin er wollte, auf welchem Weg ihm recht war. Heute werde ich ihn geschickt unter Kontrolle halten – wie jemand mit einem Haken einen brünstigen Elefanten.«

Achtsamkeitstraining im Gefängnis

Wie alle anderen auch, werden Sie und ich gelegentlich mit Herausforderungen konfrontiert, die Stress in unser Leben bringen. Aber unsere Probleme verblassen im Vergleich zu jenen, die Sträflinge in Hochsicherheitsgefängnissen haben; viele von ihnen haben brutale Verbrechen wie Mord begangen. Ihr innerer Elefant ist wahrhaft wild und ungezähmt. Kann ein Achtsamkeitstraining bei solchen Menschen etwas bewirken?

1993 beschloss Kiran Bedi, das herauszufinden. Sie war gerade zur Generalinspekteurin für die Gefängnisse in Neu-Delhi ernannt worden und von den Erfolgen eines Vipassana-Programms (einer Form des intensiven Achtsamkeitstrainings) beflügelt, das vor etwa zwanzig Jahren in einem anderen indischen Gefängnis durchgeführt worden war. Ihr Experiment wurde zu einem enormen Erfolg. Über tausend Häftlinge nahmen an dem Vipassana-Angebot im berüchtigten Tihar-Gefängnis, einem großen, überfüllten Hochsicherheitsgefängnis, teil. Die Verwandlung der Gefängnisinsassen am Ende des Kurses wird in einem Film dokumentiert, der über das Geschehen gedreht wurde. Der Film mit dem Titel *Doing Time, Doing Vipassana* gewann 1998 auf dem Internationalen Filmfestival in San Francisco, wo 1600 Werke aus achtundfünfzig Ländern gezeigt wurden, den renommierten Golden Spire Award. Bei der Preisverleihung sagte der Festivalleiter:

»Die Jury war von dieser aufschlussreichen und ergreifenden Darstellung über die Wirkung von Vipassana emotional bewegt. Die Vermittlung dieser Meditation als Verwandlungsmittel kann zahlreiche Auswirkungen für Menschen in anderen Bereichen haben, wenn die kulturellen, sozialen und politischen Institutionen diese befreiende Möglichkeit annehmen und unterstützen.«

Wenn Sie Inspiration und Hoffnung schöpfen wollen, während Sie darüber nachdenken, an einem Achtsamkeitstraining teilzunehmen, dann sehen Sie sich bitte diesen Film an. Er hat beispielsweise die King County North Rehabilitation Facility in Seattle, Washington, inspiriert, ihren Insassen ebenfalls Vipassana-Kurse anzubieten und zu untersuchen, welche Wirkungen diese Kurse auf die Reduktion der Rückfallquote haben. Man fand heraus, dass nur die Hälfte der Insassen, die an dem zehntägigen Seminar teilnahmen, wieder inhaftiert wurden, während die Rückfallquote sonst bei 75 Prozent aller Gefängnisinsassen liegt.

Tägliche Meditation

Ein intensives Meditationstraining in der Tradition des Vipassana oder Zen kann zehn oder mehr Stunden täglich umfassen. Für viele Anfänger ist es schwierig, von null auf zehn Stunden pro Tag zu gehen. Ich genieße meine täglichen Übungen. Die am Tag gesammelten Erfahrungen nähren meine Meditation, und die Meditation bereichert mein Alltagsleben.

Aber hüten Sie sich davor, mit einer bestimmten Absicht zu meditieren. Wir sind daran gewöhnt, Dinge mit einem Ziel zu tun. Wir bereiten eine Mahlzeit nicht einfach nur zu, um eine Mahlzeit zuzubereiten. Aber auch wenn wir vielleicht ein Motiv – zum Beispiel Stressabbau – im Kopf haben, wenn wir mit einer Meditationsübung beginnen, müssen wir lernen, dieses Motiv zurückzustellen. Bei der Meditation wird ein Ziel anders und indirekter erreicht. Ob es sich um Kreativität oder um Stressabbau handelt, der Weg zu dem Ziel einer Meditation ist nicht notwendig ein gerader. Ziele und Absichten können eine Meditation behindern. Denn beim Meditieren geht es um den Weg, nicht um das Ziel; es richtet sich auf das Sein, nicht auf das Tun.

Meditationscoaching

Seit ihren Anfängen wird Meditation unter Anleitung durchgeführt. Buddha hat viele Reden über die Übungen gehalten. Seine Anweisungen sind erhalten geblieben und ermöglichen es uns, seine Lehren nachzuvollziehen. Viele davon wurden in einem bestimmten Zusammenhang geäußert, als Antwort auf eine Frage oder ein Problem. Stellen Sie sich vor, was geschehen würde, wenn die Antworten eines heutigen Psychotherapeuten ohne die Fragen oder die Probleme studiert werden würden, die sie hervorgebracht haben!

Zu den Schulungen von Thich Nhat Hanh gehört eine tägliche gemeinsame Phase mit der Gruppe von ungefähr neunzig Minuten unter Anleitung eines Lehrers dazu. Bei Zen-Schulungen unterbrechen mehrere persönliche Unterredungen mit dem Lehrer, Dokusan genannt, den Tag. Solche privaten oder halbprivaten Unterredungen sind ein wesentlicher Teil der Meditationspraxis, weil Meditation die Veränderung unserer mentalen Gewohnheitsmuster beinhaltet. Ohne persönliche Anweisungen und Rückmeldung könnte ein ängstlicher Mensch während der gesamten Meditationsphase einfach nur dasitzen und sich Sorgen machen.

Wenn Sie vorhaben, an einer Meditationsgruppe teilzunehmen oder in Klausur zu gehen, dann beachten Sie diesen Aspekt. Erkundigen Sie sich, ob Möglichkeiten für private oder halbprivate Unterredungen mit einem Lehrer bestehen. Wenn solche Gespräche auf Anfrage angeboten werden, dann machen Sie Gebrauch davon.

Wenn man Dinge aus ganzem Herzen tut, ist das eine Art Meditation

Unser Unbewusstes ist ein Meister im Multitasking. Meines sorgt gerade dafür, dass ich mein Essen verdaue, dass mein Herz schlägt, dass mein Blutdruck und meine Körpertemperatur stimmen und dass ich die Buchstaben auf der Computertastatur finde, während ich Worte denke. Es kann all dies gleichzeitig tun, weil das seiner Natur entspricht und ihm genügend Ressourcen zur Verfügung stehen. Das Bewusstsein kann nur eine Sache auf einmal tun. Es wird mit dieser Begrenztheit durch Outsourcing fertig, indem es dem Unbewussten so viele Aktivitäten wie möglich auflädt. Das Ergebnis ist, dass wir häufig per Autopilot fahren, abwaschen oder Gemüse schneiden.

Vielleicht liegt der evolutionäre Grund dafür darin, dass das Bewusstsein dadurch frei war, sich auf wesentlichere und wichtigere Aufgaben zu konzentrieren, etwa herauszufinden, wie sich die nächste Mahlzeit beschaffen oder wo sich ein interessanter Sexualpartner finden ließ. Aber das war vor ein paar Millionen Jahren. Heute erzeugt die gleiche Neigung nur eine Trennung zwischen Geist und Körper, wobei der Körper etwas ohne Bewusstsein tut, während der Geist an andere Dinge denkt. Um diese Tendenz aufzulösen, setzen Sie sich einfach hin und nehmen Sie Kontakt zu Ihrem Atem auf. Es ist nicht schwer, das zu tun.

Sie können sich eine Meditationsbank oder ein Meditationskissen besorgen und eine bestimmte Stelle dafür festlegen, oder Sie können dort meditieren, wo Sie gerade sind:

- im Bett, bevor Sie aufstehen (schieben Sie sich einfach die Kissen unter Ihr Gesäß, und setzen Sie sich hin),
- in der Küche, während der Reis kocht,
- oder im Wohnzimmer oder im Garten, wenn Sie dort einen ruhigen Moment haben.

ÜBUNG

Loslassen und präsent sein

Unser vegetatives Nervensystem (VNS) reagiert auf Bedrohungen aus der Umwelt, indem es den Blutdruck und die Herzfrequenz erhöht und weitere Anpassungen vornimmt. Das sympathische und das parasympathische Nervensystem sind antagonistische Teile des VNS, wobei das sympathische Nervensystem die nach außen gerichtete Handlungsbereitschaft aktiviert (Angriff-oder-Flucht-Reflex), während das parasympathische Nervensystem für Ruhe, Regeneration und Verdauung sorgt.

Wenn wir uns anschicken, über eine Pfütze zu springen, bereitet sich der Körper automatisch auf die Anstrengung vor. Aber geht er nach dem Sprung von selbst wieder in einen entspannten Zustand zurück?

Unser Tag kann einem langen Weg voller Pfützen gleichen, angefangen mit der morgendlichen Routine, die Kinder für die Schule vorzubereiten oder sich durch den Verkehr zum Arbeitsplatz zu kämpfen, bis zu den Herausforderungen, die uns bei der Arbeit begegnen. Für viele von uns steigt der Stress einfach nur. Das sympathische Nervensystem erfüllt seine Aufgabe gut, den Körper für die Prüfungen und Widrigkeiten, mit denen wir konfrontiert werden, zu mobilisieren. Aber das parasympathische Nervensystem bekommt nicht immer eine Chance, sich einzuschalten und ein Gleichgewicht zu schaffen, indem es unseren Stoffwechsel wieder in einen normalen, ruhenden Zustand versetzt.

ÜBUNG

Achtsamkeit und Ausgeglichenheit

Unsere Tendenz, unseren Gedanken nachzuhängen, statt im jeweiligen Augenblick präsent zu sein, kann verhindern, dass wir loslassen und wieder auf die Ausgangslinie eines entspannten Funktionierens zurückkehren. Denn wenn der jeweilige Belastungsmoment vorbei ist, bleibt die Erinnerung daran. Gedanken wie »Mensch, fast hätte ich einen Unfall gehabt!« und emotionale Reaktionen wie Wut oder Verunsicherung sorgen dafür, dass die Stressreaktion weiterläuft. Wenn das Grübeln über vergangene

Fälle, in denen man einem Unheil knapp entkommen ist, in die Angst vor künftigen derartigen Fällen übergeht, bekommt das parasympathische Nervensystem oft keine Möglichkeit, den Organismus wieder in einen Ruhezustand zu versetzen.

Wenn wir nicht im jeweiligen Moment leben, sondern uns auf vergangene und mögliche künftige Gefahren fixieren, können wir die Pausen zwischen den Stressfaktoren in unserem Umfeld nicht zum Entspannen nutzen. Um das zu können, müssen wir im jeweiligen Augenblick präsent sein und die aktuell vorhandenen Umstände bewusst wahrnehmen. Wir müssen unseren Geist freimachen und vermeiden, uns in irgendetwas hineinzusteigern. Wir dürfen nicht auf jede Alltagssituation emotional reagieren.

Lesen Sie die nachstehenden Anweisungen in aller Ruhe durch und führen Sie dann das aus, woran Sie sich erinnern. Möglicherweise erinnern Sie sich jedes Mal an andere Dinge, wodurch Ihre Meditation jedes Mal, wenn Sie diese Übung durchführen, eine andere Note haben kann. Wenn Sie im Laufe Ihrer Übung feststellen, dass Ihre Meditation nicht zufriedenstellend verläuft, dann kehren Sie zum Text zurück und lesen die Anweisungen noch einmal.

Ich atme ein paar Mal langsam und tief durch und entspanne mit jedem Atemzug meine Muskeln.

Ich lasse die Anspannung los, während ich atme – in meinen Gesichtsmuskeln, meinen Händen, meinen Schultern, meinem Bauch, meinen Beinen und Füßen.

Nur meine Rückenmuskeln und andere Muskeln, die mein Gleichgewicht und meine Körperhaltung sichern, sind angespannt.

Ich atme frische Luft ein; sie entspannt und nährt jede Zelle.

Ich atme die Anspannung aus.

Ich betrachte meinen Geist und lasse alle verharrenden Gedanken und Sorgen los.

Gedanken kommen. Manchmal gehen sie wieder, und manchmal bleiben sie.

Jetzt achte ich darauf, dass sie gehen, während ich ausatme.

Mit jedem Atemzug reinige ich meinen Geist.

Ich leere meinen Geist, während ich ausatme.

Ich sorge dafür, dass die Gedanken, die kommen, ebenfalls gehen.

Gedanken und Gefühle kommen automatisch.

Aber sie gehen nicht immer von selbst wieder weg.

Indem ich meinen Geist mit jedem Atemzug reinige, verweile ich im Augenblick.

Mit jedem Atemzug lasse ich verharrende Gedanken oder Sorgen los.

Ich bin frei und aufnahmebereit für das, was jetzt geschieht.

Das Atmen geschieht jetzt.

Ein langsames und rhythmisches Atmen, das den Wellen gleicht, die am Strand über den Sand rollen.

Ich bin wie ein Strand.

Atemwellen kommen und gehen.

Sie erfrischen meinen Körper und meinen Geist.

Ich sitze hier und genieße die Atemwellen, während sie herein- und wieder hinausrollen.

Mit jedem Atemzug durchforste ich meinen Körper und meinen Geist und lasse die Anspannung los, auf die ich stoße.

Gedanken sind willkommen.

Sie können einen Atemzug lang bleiben.

Dann schicke ich sie mit einem Lächeln fort.

Mit jedem Atemzug kann ich meinen Körper bewusst von Spannungen und meinen Geist von Gedanken reinigen.

Ich bin frisch und frei für diesen Atemzug und für diesen Augenblick.

4.

Inspiration

Wir meditieren, um unsere eigene Identität
zu entdecken, unseren richtigen Platz im Universum.
Durch Meditation erwerben und anerkennen wir
schließlich unsere Verbindung zu einer inneren
Kraftquelle, die die Fähigkeit hat, unsere äußere
Welt zu verwandeln.

Julia Cameron

June berichtete, welche Schwierigkeiten sie hatte, in das kreative Schreiben hineinzukommen. »Ich weiß, wo ich bin«, sagte sie, »und ich weiß, wohin ich gehen will. Aber es ist, als würde zwischen beidem eine Kluft bestehen. Eine mit Schlamm gefüllte Kluft, dem Schlamm meines eigenen fehlenden Vertrauens und meiner Unsicherheit. Ich habe Angst, nicht gut genug zu sein, und ich weiß nicht, wie ich diese Kluft überbrücken soll.« Während sie sprach, vermittelten mir die Bewegungen ihrer Hände ein sichtbares Bild der Kluft.

Ich war mir nicht sicher, ob sie das richtige Bild von Kreativität vor Augen hatte. Der »Schlamm«, von dem sie sprach, ist das Rohmaterial unseres Lebens. Gute Schriftsteller haben keine Brücken darüber gebaut. Vielmehr haben sie das Rohmaterial zu Gold veredelt. »Ohne Schlamm kein Lotus«, sagt Thich Nhat Hanh. »Lotusblumen wachsen nicht auf Marmor.«

Ich hatte auch den Eindruck, dass June blockiert war, weil sie Kreativität als Ergebnis der Arbeit ihres Bewusstseins betrachtete. Aber das Bewusstsein ist nur ein kleiner Teil des Geistes. Selbst wenn jemand imstande wäre, sich allein unter Einsatz dieses kleinen Teils etwas einfallen zu lassen, würde es vermutlich trocken und künstlich statt spontan und wirklich kreativ wirken. Etwas Spannendes, Reizvolles entsteht, wenn wir mit dem Unbewussten verbunden sind.

Im vorigen Kapitel habe ich die Bedeutung des zielgerichteten Denkens betont, das automatische Gedanken verdrängt. Meine Absicht besteht vor allem darin, die Wahrnehmung zu entwickeln, damit wir lernen zu erkennen, was was ist. Ich will nicht den Eindruck vermitteln, dass spontane Gedanken »schlecht« und zielgerichtete Gedanken »gut« sind. Spontane Gedanken können Stress erzeugen, wenn sie von Gewohnheiten oder von negativen Gefühlen wie Angst, Wut oder Befürchtungen angetrieben werden. Aber sie können auch plötzliche Inspirationen oder Einsichten darstellen. Es ist wichtig, den Unterschied erkennen zu lernen, wenn wir ein erfülltes Leben führen wollen.

Die Funktion des Bewusstseins besteht darin, das Unbewusste zu organisieren, zu steuern und zu lenken. Anschließend kann es dazu übergehen, das, was das Unbewusste hervorgebracht hat, zu bewerten und zu überarbeiten. Doch ob es diese Funktion gut oder schlecht erfüllt, hängt von unserer Haltung gegenüber dem Unbewussten ab und davon, welche Beziehung wir zu ihm haben. Meditation verbessert diese Beziehung.

Unsere Fähigkeit, uns das Unbewusste nutzbar zu machen, kann mit der Zeit wachsen, weil es dadurch nicht mehr ein totales Mysterium ist – das Land des Unbekannten. Trotzdem wird es immer ein wenig unerklärlich bleiben, aber wir bauen ein Arbeitsverhältnis zu ihm auf und entwickeln so schrittweise ein Gefühl der Vertrautheit mit seinem Geheimnis.

Bewusstsein als Schnittstelle

Inspiration kommt nicht immer wie aus heiterem Himmel. Häufig macht sie sich bemerkbar als Antwort auf eine bewusst oder unbewusst gestellte Frage. Dabei kann es sich um etwas handeln, das einen schon seit Jahren beschäftigt, oder auch um etwas Aktuelles, das man nicht versteht. Ich stelle mir mein Bewusstsein als Schnittstelle vor, die es mir ermöglicht, mich mit dem Rest meines Geistes zu verbinden. Zum Geist gehört mehr als das, was wir sehen können, ebenso wie zum Computer mehr gehört als die Schnittfläche, über die Sie interagieren. Seine innere Funktionsweise ist für die meisten von uns unverständlich. Die benutzerfreundliche Oberfläche lässt das Ganze für uns trügerisch einfach erscheinen. Denn selbst wenn wir ein komplexes Programm erlernen, lernen wir nur etwas über seine Schnittstelle.

Das menschliche Gehirn ist als die komplexeste Sache im gesamten Universum bezeichnet worden. Es ist erheblich komplexer als ein Computer. Es hat Wurzeln im Körper, Wurzeln in unserer evolutionären Vergangenheit und Wurzeln in der Gegenwart. Aber die relative Einfachheit seiner Schnittstelle – uns Bewusstsein – lässt es trügerisch einfach erscheinen.

Stellen Sie eine Frage

Eine Möglichkeit, das Unbewusste einzuschalten, besteht darin, Fragen zu stellen. Zen Koans gehen auf Fragen und Antworten zwischen Meister und Schüler zurück. Die für ein Koan typische Frage kann nicht durch Recherchen oder Googeln beantwortet werden. Ich habe tatsächlich einfach mal als Experiment versucht, im Internet nach der Antwort auf die erste derartige Koan-Frage, die mir gestellt wurde – »Wer hört zu?« –, zu suchen und bin auf total verrückte Ergebnisse gestoßen wie: »Wer hört zu, wenn der Papst Latein spricht?«

Die Frage »Wer hört zu?« beschäftigte mich ständig, als ich vor fünfundzwanzig Jahren im Diamond Zendo in Honolulu meditierte. Damals lag das Diamond Zendo am Rande eines Waldes, und der Vogelgesang, den man in der Dämmerung hören konnte, war wunderschön. »Wer hört zu?«, fragte mich Aitken Roshi in privaten Unterredungen mehrmals täglich, und mein Bewusstsein erzeugte »vernünftige« Antworten, die zurückgewiesen wurden. Schließlich gab ich es auf, Antworten zu erfinden, und lernte, einfach dazusitzen und aufmerksam zu sein.

Nachdem ich durch diesen Prozess des Fragestellens als Teil meiner Zen-Ausbildung gegangen war und die Geburt einer Antwort bemerkte, wurde ich süchtig. Ich beschloss, diesen Prozess häufiger einzusetzen. Meine derzeitige Haltung ist, dass jede Zeit, die ich ohne eine brennende Frage verbringe, verlorene Zeit ist. Es ist, als würde ich die Lösung eines Problems einem Forscherteam übergeben, das mein gesamtes Leben in all seinen Details kennt, die in meinem Unbewussten gespeichert sind. Das Problem besteht dabei darin, dass diese Ressourcen nicht in alphabetischer Reihenfolge geordnet sind, sodass ich über mein Bewusstsein kaum einen Zugriff darauf habe. Das Unbewusste jedoch hat eine Art direkten Zugriff darauf.

Ich habe keine direkte Kontrolle über diesen Prozess. Er verläuft organisch, wie das Wachstum von Pflanzen, und ebenso wie bei den Pflanzen kann er sehr lange dauern. Aber inzwischen habe ich gelernt, meine Hände nicht verzweifelt in die Höhe zu heben und auszurufen: »Ich geb's auf. Ich weiß nicht, wie ich weitermachen soll.«

Ich warte einfach. Das hat allerdings seine Vor- und Nachteile. Der Vorteil besteht darin, dass eine Weiterführung oder Antwort, die aus dem gesamten Geist heraus entsteht, glaubhaft klingt.

Übrigens: Wer hört zu?

Einfach hinhören.

Es ist besser, sich auf das Erlebnis zu konzentrieren, als sich zum Beispiel Geschichten über den Zuhörer auszudenken oder metaphysische Spekulationen über ihn anzustellen.

Träume

Ebenso wie unsere automatischen Gedanken kann ein Traum ein belangloses Wiederaufwärmen der Ereignisse des Tages oder eine Quelle wichtiger Einsichten sein. Das Unbewusste arbeitet mit Bildern und Geschichten. Allerdings kann sich sein Blickwinkel sehr von der Art unterscheiden, mit der das Bewusstsein die Dinge wahrnimmt.

Unsere Sehnsüchte und Abneigungen verzerren oft unser bewusstes Verständnis. Das Unbewusste nimmt einen anderen Standpunkt ein. Manchmal ist er weiser, weil das Unbewusste nicht mit denselben Scheuklappen herumläuft. Aus diesem Grund können seine Einfälle auch schwer zu verstehen oder zu interpretieren sein. Gedichte und Koans haben diese Direktheit des Ausdrucks, im Gegensatz zu wissenschaftlichen Texten. Als ich vor fünfundzwanzig Jahren zu einem Training bei Robert Aitken Roshi ging, ermahnte er mich immer, direkter und persönlicher und weniger weitschweifig zu sein. Ich arbeite noch immer daran.

In einem Interview von Paul Zollo mit Leonard Cohen habe ich ein Echo zu Robert Aitkens Aufforderung gefunden. Dort macht Cohen die überraschende Äußerung: »Eine lange, lange Zeit hatte ich keine bestimmte Vorstellung. Und ich bin mir nicht sicher, ob ich je eine hatte.« Etwas später erklärte er, was er damit meinte: »Wenn ich sage, dass ich keine bestimmte Vorstellung habe, will ich sagen, dass es nicht in Form einer Idee zu mir kommt. Es kommt in Form eines Bildes.« Mit anderen Worten: nicht weitschweifig, sondern direkter und konkreter. Und »zenartiger«.

Meditieren

Meditation kann die Tür zur Inspiration aufbrechen: Statt einfach nur darauf zu warten, dass sie sich irgendwann einmal einstellt, können wir sie durch Meditation hervorlocken. Eine tägliche Meditationsphase ist eine Phase der Nähe zu sich selbst. Thich Nhat Hanh meinte dazu: »Meditation bietet einem in jedem Augenblick eine echte Gegenwärtigkeit sich selbst gegenüber.«

Für dieses Buch habe ich einiges an »Recherchearbeit« auf dem Meditationskissen durchgeführt.

Nutzen Sie das Gehirn, oder lassen Sie sich von ihm benutzen

Das Gehirn sagt uns, dass wir uns sorgen, etwas bereuen, mehr Eiscreme essen und mehr Bier trinken sollen. Es hängt Tagträumen nach und stellt sich erfreuliche Ergebnisse vor. Oder es malt sich Worst-Case-Szenarien aus. All dies geschieht einfach. Und normalerweise sitzen wir da und nehmen es in uns auf; wir hören brav zu und glauben, dass all das wahr ist.

Inspiration kann spontan kommen, wie automatische Gedanken. Und wie diese trägt die Inspiration keine Aufschrift und wird nicht mit großem Trara angekündigt. Dennoch muss sie erkannt und gewürdigt werden, selbst wenn sie in dem Moment vielleicht ungebeten kommt. Wir müssen offen und bereit für ihre Gnade sein, wenn sie eintrifft.

Wie erkennen wir Inspiration?

In der Zen-Tradition übt man beim Koan-Training, Inspiration und Einsicht zu erkennen. Die Studenten kommen im Verlauf der Unterredung mit allen möglichen Antworten an, die sie sich ausgedacht haben und die oberflächlichen Gedanken und Ideen entspringen. Aufgabe des Lehrers ist es, die Spreu vom Weizen zu trennen.

Indem ihre oberflächlichen Einfälle zurückgewiesen werden, lernen die Studenten nach und nach, was keine Inspiration ist. Wenn sie dann unerwartet auf eine Erkenntnis stoßen und sie begreifen, gewinnen sie an Erfahrung, wie man das Echte erkennt. Ein Geologiestudent, der nach Gold gräbt, stößt auf viel Erde, Felsen und Katzengold, bevor er lernt, das echte Material zu erkennen.

Dharma-Reden sind eine weitere Quelle für ein Training zum Erkennen von Inspiration. In einer Dharma-Rede legt der Lehrer seine eigene Inspiration dar. Daher können Dharma-Reden manchmal irritierend wirken. Thich Nhat Hanh ermahnt seine Zuhörer oft, seine Reden »wie Dharma-Regen« in den Boden ihres Geistes einsickern zu lassen. Dies meint ein Zuhören mit offenem Geist.

Henry David Thoreau fand bei Spaziergängen durch die Natur Inspiration. Er ging täglich vier Stunden spazieren und trug stets ein Notizbuch bei sich, um sich keine beflügelnde Idee entgehen zu lassen, die ihm während seiner Spaziergänge kam. Inspirationen müssen aufgeschrieben werden, wenn sie sich zeigen. Plötzlich wird die Tür aufgerissen, und Erkenntnisse erscheinen. Das ist ein kostbarer Moment, der nicht verpasst werden darf. Wenn wir ihn nicht aufzeichnen, verflüchtigt er sich wie ein Traum. Das Kurzzeitgedächtnis kann ihn nicht festhalten.

In Abwandlung des Zitats von Thomas Edison könnte man sagen: »Kreative Arbeit besteht zu einem Prozent aus Inspiration und zu neunundneunzig Prozent aus Transpiration.« Ich habe jedoch den Eindruck, dass die Transpiration, von der Edison spricht, auch inspirierte Transpiration ist. Sie riecht gut. Ein Geistesblitz kann eine großartige Idee für eine Arbeit liefern. In meinem Fall hat solch ein Geistesblitz den Titel und die Grundidee für das Buch geliefert, das ich gerade schreibe. Aber die Ideen für die einzelnen Kapitel und auch für jeden Absatz enthalten ebenfalls etwas Inspiration. Das eine Prozent, von dem Thomas Edison sprach, ist ein wenig wie das eine Prozent Salz auf dem Teller: Es macht einen kleinen Teil der Mahlzeit aus, aber ohne es würde jeder Bissen recht fade schmecken.

Nehmen wir an, dass Sie an einem Gedicht arbeiten und dass der für die Sprache zuständige Teil Ihres Gehirns intensiv damit beschäftigt ist. Sie hängen bei der Suche nach einem Wort fest, das nicht zu existieren scheint. Sie haben bereits alle erdenklichen Möglichkeiten ausprobiert, einschließlich einiger, die Sie im Wörterbuch gefunden haben. Kein Wort scheint zu passen. Sie fühlen sich blockiert. Sie brechen ab und tun etwas anderes. Vielleicht bereiten Sie eine Mahlzeit zu oder gehen spazieren.

Aber ein Gedicht ist mehr als Sprache. Während Sie eine Pause machen, wird die Frage an unterschiedliche Gehirnareale weitergegeben, und es geschieht so etwas wie ein Gruppenbrainstorming, nur dass in diesem Fall die verschiedenen Gehirnareale ein Brainstorming miteinander machen.

Wenn Sie sich jetzt wieder an das Gedicht setzen, sehen Sie es mit anderen Augen. Sie hatten sich mit einem Wort festgefahren, aber jetzt helfen Ihnen Bilder und Ideen weiterzukommen. Sie erkennen, dass Sie nicht die eine spezielle Metapher oder Redewendung verwenden müssen. Es gibt einen besseren Weg, es auszudrücken, und Sie brauchen nicht das Wort, das Sie im Wörterbuch nicht finden. Scheinbar kommt dieser Einfall »aus heiterem Himmel«. Wir nennen das so, weil wir nicht wissen, wie es passiert ist. Aber ich glaube, dass das gesamte Gehirn daran beteiligt ist oder zumindest ein größerer Teil, als dies zum Zeitpunkt unserer Blockade der Fall gewesen ist. Wir haben es nicht mehr nur mit Worten zu tun. Ich wage zu sagen, dass sich Inspiration einer erweiterten Perspektive verdankt, und dass hierin ihr hoher Wert liegt.

Mit »Transpiration« meinte Edison meiner Einschätzung nach ein zielgerichtetes Denken. Manchmal ist es unverzichtbar, etwa bei einem Rohrleitungsproblem, für dessen Lösung meist eine begrenzte Zahl von Anhaltspunkten ausreicht. Aber wenn das Problem mit keinem der Werkzeuge und Instrumente, die der Klempner in seinem Transporter hat, gelöst werden kann, ist möglicherweise ein kreatives Vorgehen erforderlich. In solchen Fällen ist Inspiration unbezahlbar. Wenn Sie eine kreative Herangehensweise benötigen, um Ihr Bad umzugestalten, benötigen Sie eventuell einen einfallsreichen Klempner.

Inspiration kann uns dabei helfen, die Grenzen des Möglichen zu überschreiten. Wenn zielgerichtetes Denken mit Inspiration verknüpft wird, kann das Gehirn sein ganzes Potenzial einsetzen. Ohne ein wenig Kreativität käuen wir nur alte Szenarien wieder und fahren wieder und wieder in dieselben Sackgassen. Möglicherweise stecken wir dann fest, was sehr belastend sein kann.

Ich glaube, dass es das »Unmögliche« ist, das den Boden für Inspiration bereitet. Ohne Problem braucht man auch keine kreative Lösung. Wenn wir die Dinge auf diese Weise betrachten, sind wir eher bereit, Probleme anzupacken, für die es keine offensichtliche Lösung gibt.

Positive Gefühle fördern die Kreativität

Welche Eigenschaften machen eine Person kreativ? Wenn man einmal herumfragt, wird man feststellen, dass die meisten Menschen Kreativität mit Intelligenz, Fähigkeit oder sogar Genie verbinden. Nur wenige von uns sind intuitiv der Auffassung, dass eine wichtige Voraussetzung für Kreativität darin besteht, dass man sich gut fühlt.

Doch Barbara Fredrickson ist mit Blick auf die Ergebnisse ihrer eigenen Untersuchungen und die anderer Wissenschaftler zu dem Schluss gekommen, dass positive Gefühle eine wichtige Rolle bei der Kreativität spielen. In ihrem Buch *Die Macht der guten Gefühle* schreibt sie: »Eine positive Einstellung öffnet uns. Die erste zentrale Wahrheit über positive Gefühle lautet, dass sie unsere Herzen und unseren Geist öffnen und uns aufnahmefähiger und kreativer machen.«

Wenn wir durch positive Gefühle wie Freude, Dankbarkeit, Ausgeglichenheit, Interesse, Hoffnung, Stolz, Heiterkeit, Angeregtheit, Ehrfurcht oder Liebe beflügelt werden – die Fredrickson als die wichtigsten positiven

Gefühle bezeichnet –, sehen wir mehr Möglichkeiten. Erstaunlicherweise gilt dies sogar für die visuelle Wahrnehmung: Wir sehen bei einem Bild mehr Details und nehmen mehr von dem Hintergrund auf, wenn wir uns gut fühlen. Außerdem stellen Ärzte dann schnellere und exaktere Diagnosen, Studenten schneiden besser bei Tests ab und Manager treffen bessere Entscheidungen. Der Grund dafür liegt nach Fredrickson darin, dass eine positive Einstellung die Perspektive erweitert und mehr Möglichkeiten in den Blick rücken lässt. Noch wichtiger für das Thema dieses Buches ist jedoch die Feststellung der Wissenschaftlerin, dass eine positive Einstellung die Fähigkeit von Studenten verbessert, Stress zu verarbeiten.

ÜBUNG

Auf Empfindungen achten

Wenn wir unseren Stress abbauen wollen und uns das nicht gelingt, dann haben wir vielleicht den Eindruck, das Problem liege darin, dass der Körper nicht auf den Geist hört. Aber in Wirklichkeit liegt genau das gegenteilige Problem vor: Der Geist hört nicht auf den Körper. Er hört auf seine Gedanken über den Körper.

Wesentlich bei dieser Meditation ist es, bei den Empfindungen zu bleiben und nicht in den Denkmodus zu verfallen. Die Herausforderung besteht darin, dass der Körper ohne starke Sinnesempfindungen sehr leise spricht.

Um einen geraden Rücken beim Meditieren zu haben, muss man das Gesäß anheben, indem man auf einem festen Meditationskissen sitzt. Eine Alternative dazu ist eine Meditationsbank. Aber lassen Sie sich durch das Fehlen dieses Meditationszubehörs nicht davon abhalten zu meditieren. Sie können sich auch gerade aufgerichtet auf einen Stuhl oder auf ein paar zusammengefaltete Decken setzen.

Ich nehme die Empfindungen beim Atmen wahr.

Ich lenke mein Bewusstsein von meinen Gedanken auf meine Empfindungen.

Während ich einatme, ist eine leichte Kälte um meine Nasenlöcher zu spüren.

Ich fühle, wie sich mein Bauch hebt und senkt und sich mein Gürtel oder meine Kleidung mitbewegen.

Empfindungen unterscheiden sich von Gedanken.

Bei Empfindungen gibt es keine Worte.

Ich achte auf die Qualität und die Stimmung des Atmens.

Ich konzentriere mich ganz auf die Empfindungen, während ich atme.

Das ist anders, als wenn ich über mein Atmen nachdenke.

Mein Körper drückt sich über Empfindungen aus, er spricht nicht in Worten.

Ich richte meine Aufmerksamkeit auf weitere Empfindungen.

Wenn ich Geräusche höre, nehme ich die Qualität und die Stimmung der Geräusche wahr.

Ich erlebe Geräusche als Geräusche.

Ich nehme sie nicht in Form von Worten wahr wie Glocke, Auto oder Flugzeug.

Ich lausche mit meinen Ohren und nicht mit meinem Geist.

Jetzt richte ich meine Aufmerksamkeit auf die Empfindung des Sitzens.

Ich stelle sie auf die Empfindungen ein, die mir meine Füße und Beine vermitteln.

Wie fühlen sich diese Empfindungen an?

Wenn ich den Empfindungen Worte zuweise wie Unbehagen oder Anspannung, reagiert mein Geist auf die Worte.

Ich denke nicht über meine Füße und Beine nach. Ich höre ihnen zu. Meine Füße und Beine sprechen kein Deutsch.

Nun stelle ich mich auf die Empfindungen in meinen Armen und Händen ein.

Fühlen sich meine beiden Hände genau gleich an?

Jetzt richte ich meine Aufmerksamkeit auf meine Gesichtsmuskeln.

Manchmal nehme ich Sorgen als Spannung in meiner Stirn oder meinen Augenbrauen wahr.

Jetzt sind meine Stirn und meine Augenbrauen entspannt.

Manchmal spüre ich Stress als Verspannung in meinem Nacken und in meinen Schultern.

Jetzt sitzt dort kein Stress.

Jetzt muss ich nichts tun und nirgendwohin gehen.

Ich habe keine Verpflichtungen. Ich kann zufrieden entspannen.

Ich atme Zufriedenheit ein. Ich atme Zufriedenheit aus.

Ich fühle Zufriedenheit in meinem Körper und auch in meinem Geist.

Zufriedenheit ist eine offene Art von Gefühl, offen und sich ausdehnend.

Wenn ich einen Atemzug lang zufrieden sein kann, dann kann ich vielleicht auch noch ein wenig länger zufrieden sein.

Vielleicht kann ich eine ganze Minute lang zufrieden bleiben.

Ich sitze und genieße meinen Atem; ich genieße das Gefühl meines Körpers und bade in Zufriedenheit.

Ich bemerke, dass mein Geist jetzt ruhig ist.

Während ich einatme und ausatme, bemerke ich, wie leicht die Luft ist.

Ich verharre in der Beschaffenheit der Leichtigkeit.

Ich fühle mich in meinem Körper und meinem Geist leicht, wie die Luft, die ich atme.

Teil II

KONTROLLE UND AKZEPTANZ

5.

Kontrolle

Durch dieselben Winde fährt das eine Schiff nach Osten und das andere nach Westen. Die Art, wie die Segel gesetzt wurden, und nicht der aufkommende Wind bestimmt darüber, wohin sie segeln.

Ella Wheeler Wilcox

Ein Segler weiß, dass man den Wind nicht steuern kann. Eine Segelregatta lässt sich nicht mit einem Autorennen vergleichen. Ein Rennfahrer kann zur Beschleunigung auf das Gaspedal treten, ein Segler nicht. Alle Segelschiffe in einem Rennen werden vom selben Wind angetrieben. Doch einem von ihnen gelingt es, schneller zu sein als die anderen und das Rennen zu gewinnen. Wie? Für die Uneingeweihten ist das ein Rätsel. Die Fähigkeiten eines Seglers sind für uns Nichtsegler nicht zu erkennen. Aber sie sind da, eine meisterliche Mischung aus Hinnehmen und Steuerung.

Wenn Segler die vorherrschenden Windverhältnisse nicht akzeptieren, bekommen sie ein Problem und sind fürs Segeln nicht geeignet. Segeln eignet sich als Metapher für das Führen eines erfolgreichen und produktiven

Lebens besser als beispielsweise Auto fahren. Raser wollen mehr Kontrolle über ihr Leben ausüben. Sie sind noch nicht einmal bereit, Geschwindigkeitsbegrenzungen oder Stoppschilder zu akzeptieren, weil sie glauben, dass sie das Sagen haben. Sie rechnen nicht damit, dass ihnen plötzlich das Benzin ausgeht, so wie einem Segler der Wind ausgeht, wenn eine Flaute eintritt. Und wenn der Verkehr nur langsam vorankommt, wie beispielsweise bei einem Verkehrsstau, ärgern sich Raser. Ein Segler hingegen lernt mit der Zeit, die jeweiligen Windverhältnisse zu akzeptieren.

Als ein Teilnehmer einer meiner Kurse, der gelegentlich segelt, dem widersprach und meinte, er kenne Segler, die auf eine Flaute ungehalten reagieren, erwiderte ich, dass solche Wochenendsegler mehr fahren als segeln und ihre Lebenshaltung primär am Fahren orientieren. Sie erwarten, selbst dann den Fahrersitz einzunehmen, wenn sie in ihre Boote springen – sie behalten dieselbe Geisteshaltung bei.

Der Mensch denkt, Gott lenkt

Aus Begeisterung für die Gedichte von Rumi und Hafiz beschloss ich vor einiger Zeit, mich intensiver mit dem Sufismus zu beschäftigen, dem spirituellen Weg, der ihre Gedichte nährte. Außer auf eine Fülle wunderbarer und schöner Gedichte stieß ich auf eine zutiefst religiöse Einstellung, die Erfolg und Misserfolg bei allen Unternehmungen vor allem dem Willen eines allwissenden und unergründlichen Gottes zuschreiben, der das Ergebnis unserer Bemühungen bestimmt. Der Ausruf »inschallah« (»so Gott will«) gehört bei den Sufis zu jedem Plan und jedem Vorhaben.

Das überhebliche Selbstvertrauen unserer Zeit bildet das entgegengesetzte Extrem. Trockenheit? Kein Problem, man muss nur ein paar Flüsse umlenken. Schädlinge? Auch kein Problem, man versprüht einfach ein sehr giftiges Zeug und tötet sie damit. Schlechte Bodenverhältnisse? Wir entwickeln gentechnisch veränderte Pflanzen, die auf unfruchtbaren Böden wachsen können, oder wir schütten ein paar Chemikalien darauf, welche die Bodenzusammensetzung ändern. Es gibt keinen Bedarf an »inschallah«. Vielmehr gilt »yes, we can«, wie Präsident Obama zu sagen pflegte. Während seiner zweiten Amtsperiode sagt er das kaum noch, weil ihn die politische Realität eingeholt hat.

Auch die industrielle Landwirtschaft wird inzwischen von der ökologischen Realität eingeholt. Wir haben unsere Herrschaft über die Natur gewaltig ausgedehnt, und mittlerweile sind auch die Grenzen sichtbar geworden. Da wir erwarten, dass jedes Problem gelöst wird, erzeugt jede beseitigte Unbequemlichkeit zusätzlichen Stress, weil dies unsere Neigung verstärkt, unsere Niederlagen irgendeinem Irrtum oder persönlichem Versagen zuzuschreiben.

Wir brauchen alle einen spirituellen Weg, um wieder ein Gefühl der Ausgewogenheit in unserem Leben herzustellen und ein Gleichgewicht zwischen unserer Illusion der totalen Herrschaft und der Realität der Grenzen unserer

Herrschaft zurückzugewinnen. Der Konflikt zwischen diesen beiden erzeugt Stress. Wir schimpfen und toben innerlich und manchmal auch äußerlich über Dinge, die wir nicht steuern können. Wir haben Probleme, sie hinzunehmen.

Der Lehre des Buddhismus zufolge bewirkt die Vernetztheit allen Seins, dass wir bestimmte Dinge einfach nicht steuern können. Das Prinzip des wechselseitig bedingten Werdens, ein Grundpfeiler der buddhistischen Sichtweise, bedeutet, dass die Dinge nicht allein aufgrund unserer Anstrengungen geschehen – auch die entsprechenden Bedingungen dafür müssen gegeben sein. Manche dieser Bedingungen, wie sie etwa im Zusammenhang mit dem Schmetterlingseffekt beschrieben werden, entziehen sich unserer Kontrolle oder auch selbst unserem Wissen vollständig. Sie können alles richtig machen und in die richtigen Aktien investieren, aber der Bankrott einer Bank auf der anderen Seite des Erdballs kann einen Dominoeffekt auslösen und bewirken, dass Sie das Geld verlieren, selbst wenn sie den Namen der betreffenden Bank nicht aussprechen können oder bisher gar nicht wussten, dass sie existiert.

Die Annahme, dass die Wissenschaft und die Technologie jedes Problem lösen können, hat es nicht immer gegeben. Unsere bäuerlichen Vorfahren lebten in einer Welt, in der sie weit weniger über ihr Leben bestimmen konnten als wir. Unser heutiger technologischer Fortschritt dagegen erzeugt die Illusion, dass wir alles unter Kontrolle haben. Aber auch wenn die dunklen Bereiche jenseits unserer Kontrolle zurückgewichen sind, so sind sie doch immer noch da. Krankheit, Alter und Tod beispielsweise sind heute ebenso vorhanden wie zu Buddhas Zeiten, allerdings sind wir weniger bereit, sie zu akzeptieren.

Interessanterweise sind Männer den Statistiken zufolge weniger gestresst als Frauen. Diese Feststellung verblüfft viele Forscher, und es stellt sich die Frage, ob dies etwas damit zu tun haben könnte, dass nur Frauen ungewollt schwanger werden können, möglicherweise weniger selbstbestimmt als Männer leben oder unter verschiedenen frauenspezifischen Beschwerden und Problemen leiden können. Männer erleben in ihrer Kindheit nur halb so oft einen sexuellen Missbrauch und leiden viel seltener unter Gewalt in der Ehe. Frauen arbeiten auch mehr. Auf eine berufstätige Mutter wartet nach Feierabend zu Hause oft noch eine zweite Schicht. Ist es da verwunderlich, dass Frauen gestresster sind?

Doch zurück zum geschlechtsneutralen Hauptthema. Wie gesagt erwarten wir in der heutigen Zeit für jedes Problem eine Lösung, und oft werden wir nicht enttäuscht. Das verstärkt unsere Überzeugung. Die Launen der Natur und das Wetter beunruhigen uns nicht weiter. Der heutige Hobbygärtner wird von keiner Hungersnot bedroht, wenn eine Dürreperiode eintritt. Er kann dann immer noch zum nächsten Geschäft gehen, um seinen Kühlschrank aufzufüllen. Früher jedoch war das nicht so, und man konnte die Dinge oft einfach nur hinnehmen. Im Mittelalter war Hunger zum Frühjahrsbeginn eine häufige Erscheinung. Gottvertrauen und das demütige Annehmen des göttlichen Willens wurden damals als lebensnäher empfunden.

Beziehungen und Kontrolle

Wenden Sie das Bewusstsein darüber, was in Ihrer Hand liegt und was nicht, auf große und kleine Dinge an, und reduzieren Sie so Ihren Stress.

Bill, ein junger Mann Ende zwanzig, hatte sich einer Gruppe angeschlossen, um seinen Trennungsschmerz besser verarbeiten zu können, nachdem seine langjährige Freundin beschlossen hatte, die Beziehung zu ihm abzubrechen. Er war voller Selbstzweifel und sichtlich gestresst.

Bill fand es hilfreich zu erkennen, dass er auf das, was seine frühere Freundin dachte oder wollte, nun wirklich keinen Einfluss hatte, aber dass er Einfluss darauf nehmen konnte, wie er auf die Trennung reagierte. Nach einigen Wochen konnte ich eine Veränderung erkennen: Er sah nicht mehr so gequält aus. Während einer der Zusammenkünfte erwähnte er, dass er einen wichtigen Geschäftstermin hatte ausfallen lassen, um an der abendlichen Veranstaltung teilzunehmen, weil er unsere Gruppe so nützlich fand.

Zu sehen, was man beeinflussen kann, stärkt einen, weil man dann die Trümpfe in der Hand hält, auf die es ankommt. Wenn man sich dagegen auf etwas fokussiert, was man nicht beeinflussen kann, fühlt man sich hilflos, weil man spürt, dass jemand anderes darüber bestimmt, was geschieht. Vereinfacht gesagt wird man automatisch zum Verlierer, wenn man versucht, etwas zu steuern, was außerhalb des eigenen Einflussbereichs liegt. Wenn man sich dagegen auf das konzentriert, was man steuern kann, hat man die Möglichkeit, zum Gewinner zu werden. Und das entscheidet darüber, wie viel Stress man empfindet.

ÜBUNG

Der Gebrauch von zwei Körben

Eine gute Art, unseren Stress, unsere Sorgen, Ängste und Grübeleien zu betrachten, besteht darin, dass wir uns überlegen, ob wir irgendeinen Einfluss auf das haben, worüber wir uns aufregen. Versuchen wir, über andere Menschen zu bestimmen? Versuchen wir, Einfluss auf Geschehnisse auszuüben, über die wir offensichtlich nicht bestimmen können? Im Operationssaal gibt es eine klare Aufteilung der Zuständigkeiten: Der Anästhesist greift dem Chirurgen nicht über den Ellenbogen, um ein Blutgefäß zu nähen, und der Chirurg läuft nicht herum und sucht nach den Instrumenten, die er benötigt. Eine klare Arbeitsaufteilung hilft dabei, Abläufe reibungslos zu gestalten und die Überlebenschancen des Patienten zu erhöhen.

Auch in unserem Geist würden die Dinge reibungslos ablaufen, wenn wir uns im Klaren darüber wären, was in unserem Zuständigkeitsbereich liegt und was nicht. Das Verhalten anderer Autofahrer auf der Straße, die Bewegungen am Aktienmarkt oder die Vorlieben unseres Partners liegen außerhalb unserer Zuständigkeit. Sie zu steuern gehört nicht zu unseren Lebensaufgaben. Wir sind nicht verantwortlich für sie. Wir können lediglich unsere Reaktion auf diese und viele andere Dinge und Ereignisse beeinflussen.

Bestimmen können wir über unsere Einstellung, unser Verhalten, unsere Redeweise, unsere Ziele und unsere Werte. Die Grenzen unseres Einflusses zu erkennen bedeutet nicht, sich in Fatalismus zu üben. Wir können mehr Dinge beeinflussen, als uns häufig klar ist. Wir müssen nicht dasitzen und beispielsweise in automatischen negativen Gedanken schmoren. Wir können einen anderen Sender und die Richtung unseres Denkens wählen. Wir können unsere Ess- und Trinkgewohnheiten oder die Häufigkeit unserer Übungen ändern – die Liste ist lang.

Versuchen Sie es einmal mit dieser Übung:

Stellen Sie zwei Papierkörbe vor sich auf. Beschriften Sie den einen mit »Kann ich beeinflussen« und den anderen mit »Kann ich nicht beeinflussen«. Tun Sie jeden Gedanken, der Ihnen kommt, in einen der Körbe. Es hilft Ihnen, wenn Sie dazu eine Bewegung machen, als würden Sie etwas nehmen und in den Korb fallen lassen.

Sie werden feststellen, dass dies sowohl eine stärkende als auch eine begrenzende Übung ist. Quält Sie die Frage, ob Ihr Chef den Reorganisationsplan für das Büro akzeptieren wird, den Sie eingereicht haben? Werfen Sie diesen Gedanken in den »Kann ich nicht beeinflussen«-Korb und lassen Sie los. Der Ausgang liegt in den Händen Ihres Chefs, nicht in Ihren. Aber Sie haben einen Einfluss darauf, ob Sie sich darüber Sorgen machen oder nicht. Also tun Sie Ihre Sorgen in den »Kann ich beeinflussen«-Korb.

Betrachten Sie sich als Opfer? Tun Sie das in den »Kann ich beeinflussen«-Korb. Nur die Umstände, die bei Ihnen den Gedanken ausgelöst haben, dass Sie ein Opfer sind, gehören in den »Kann ich nicht beeinflussen«-Korb. Empfinden Sie Selbstmitleid? In den »Kann ich beeinflussen«-Korb. Gibt es irgendeinen Vorfall, über den Sie sich geärgert haben? Der Vorfall gehört in den »Kann ich nicht beeinflussen«-Korb, Ihr Ärger in den »Kann ich beeinflussen«-Korb.

Befassen Sie sich jetzt mit dem Inhalt des »Kann ich beeinflussen«-Korbs. Sie müssen sich mit jedem Thema in dem Korb beschäftigen, wenn Sie Ihr Leben in die Hand nehmen wollen. Sie können ab und zu auch einen Blick auf den »Kann ich nicht beeinflussen«-Korb werfen, um sicherzustellen, dass Sie sich nicht an Dinge klammern, die sich Ihrem Einfluss entziehen. Sie müssen jedes Thema in diesem Korb loslassen, um Frieden mit Ihrer Welt zu schließen. Das ist wie ein Gelassenheitsgebet – Sie nehmen die Dinge hin, die Sie nicht ändern können, und fassen Mut, die Dinge zu ändern, die Sie ändern können.

Durch diese Übung entsteht hoffentlich die »Weisheit, unterscheiden zu können«, ohne dass Sie um göttliche Führung bitten müssen. Sie werden merken, dass es gar nicht so schwer ist, diese Übung auszuführen, sobald Sie anfangen, rational darüber nachzudenken. Es ist ein wenig, als würden Sie Ihren Schreibtisch aufräumen: Ist das, worauf Ihr Blick gerade gerichtet ist, nützlich? Dann legen Sie es in eine Schublade oder in den Ablageschrank. Nicht nützlich? Dann weg damit.

ÜBUNG

Nützliche Ängste

Diese Übung befreit Ihren Geist von automatischen Sorgen, die von Gefühlen angetrieben werden, und schafft Raum für rationale Bedenken. Angst ist nicht immer Ihr Feind. Sie sorgen sich zu Recht wegen jenes Leberflecks an Ihrem Bein, der neuerdings zu wachsen beginnt. Diese Sorge wird Sie hoffentlich dazu bringen, etwas zu unternehmen und den Leberfleck von einem Arzt begutachten zu lassen.

Das ist der Zweck eines Gefühls: uns in Bewegung zu setzen. Einen Arzt aufzusuchen, gehört in den »Kann ich beeinflussen«-Korb, denn darüber können Sie bestimmen. Ob sich die Veränderung des Leberflecks jedoch als bösartig erweist oder nicht, liegt nicht in Ihrer Hand und gehört in den »Kann ich nicht beeinflussen«-Korb. Sie haben diese Möglichkeit bereits in Betracht gezogen, als Sie sich den Arzttermin haben geben lassen. Nun atmen Sie durch und lassen Sie los.

Menschen, die Ihr Leben selbst in die Hand nehmen, verfügen nicht über einen Zauberstab. Sie wählen lediglich den Schwerpunkt ihrer Bemühungen klüger aus.

6.

Leben Sie Ihre Werte, statt sich von Ihren Empfindungen leiten zu lassen

Kein Fluss strömt wie die Begierde.

Buddha

Es ist möglich, ohne konkrete Ziele zu leben. Das Leben gleicht dann einem Spaziergang im Park. Aber Werte sind auf Schritt und Tritt da. Ob sie ausgesprochen werden oder nicht – Werte begleiten unseren Weg, weil sie bestimmen, wie wir gehen.

Man kann gegen Werte verstoßen, um ein bestimmtes Ziel zu erreichen. Laut Janine Driver in ihrem Buch *You Can't Lie to Me* frisieren neun von zehn Menschen ihre Bewerbungsunterlagen, um einen positiven Eindruck zu erzeugen und dadurch die Stelle zu bekommen, die sie haben wollen. Die Stelle zu bekommen, ist ein Ziel. Ehrlich zu sein, ist ein Wert. Immer wieder werden Korruptionsfälle aufgedeckt, bei denen Angestellte im Staatsdienst ihre Werte (wie Ehrlichkeit) geopfert haben, um ihr Ziel (reich zu werden) zu erreichen. Laut Driver werden nur zwanzig Prozent aller Lügner und Betrüger je entlarvt.

Werte müssen im Gedächtnis behalten werden, um wirken zu können. Darum hilft uns Achtsamkeit, unseren Werten entsprechend zu leben. Viele unterschiedliche Faktoren, etwa Stress oder Selbstvergessenheit, verschwören sich miteinander und bringen uns davon ab, gemäß unseren Werten zu leben. Aber außer den beiden genannten gibt es einen dritten, noch mächtigeren Faktor. Er wird nicht oft erwähnt, weil er heimtückisch hinter den Kulissen agiert. Ich meine die automatischen Empfindungen oder Gefühle.

Vor rund zweitausendsechshundert Jahren erarbeitete Buddha eine Analyse der Gefühle, deren Erkenntnistiefe mich noch immer jedes Mal überrascht. Doch das, was hier mit »Gefühlen« – Vedana – gemeint ist, entspricht nicht dem, was wir normalerweise mit dem Wort verbinden. In diesem Zusammenhang meinte Buddha nicht Emotion, sondern eine von Sinneseindrücken getragene Bewertung, die wir als Reaktion auf eine sinnliche Empfindung automatisch bilden. Die Bewertung kann positiv, negativ oder neutral ausfallen, und sie begleitet jede unserer Empfindungen und tritt gemeinsam mit ihr auf. Wir riechen nicht erst einmal eine Mischung aus Sesam und Zimt und entscheiden dann, dass es gut riecht. Wir riechen »hmm«.

Diese Parallelschaltung hilft einem Tier zweifellos, sofort zu entscheiden, ob es sich der Quelle eines Geruchs nähern oder sie lieber meiden soll. Sie kann das Leben eines Tieres retten, indem sie es dazu bringt, sofort wegzurennen, wenn es ein Raubtier riecht, oder sie leitet ein Männchen über den Geruch zu einem brünstigen Weibchen – all das ohne Einschaltung des Denkens. Ein Denkprozess kann langsam sein. Ein Beutetier kann fliehen, während ein Beutegreifer noch das Für und Wider erwägt, es zu fangen, um es zu fressen. Vedana entsteht augenblicklich, wie ein Reflex, und das Tier handelt. Aber ohne Achtsamkeit kann uns diese Art zu reagieren übergewichtig, betrunken oder süchtig nach verschiedenen Substanzen machen oder uns zu einem ungeeigneten Sexualverhalten bewegen.

Stellen Sie sich vor, dass Sie im Familienkreis am Speisetisch bei einem Essen sitzen. Der Bruder Ihres Partners ist mit seiner Familie vorbeigekommen, und die Gerichte wurden liebevoll zubereitet und schmecken ausgezeichnet. Sie bemerken, dass sich die Servierteller langsam zu leeren beginnen, weil sich jeder eine zweite und dann eine dritte Portion oder noch mehr nimmt. Sie sehen sich am Tisch um und bemerken, dass alle einen vorgewölbten Bauch haben. Sie hatten ihn schon, bevor sie sich zum Essen an den Tisch setzten.

In dieser Situation wird der bekannte Satz aus dem Matthäus-Evangelium »Der Geist ist willig, aber das Fleisch ist schwach« auf den Kopf gestellt. Hier ist das Fleisch stark – die Geschmacksknospen sehnen sich nach mehr und setzen sich durch –, während der Geist schwach ist. Wenn unsere sinnlichen Bewertungen positiv ausfallen, wollen wir, dass die angenehmen Empfindungen anhalten, und daher essen wir weiter. Wir nehmen vielleicht in der Ferne eine innere Stimme wahr, die uns sagt: »Du hattest bereits genug«, aber häufig wird der Klang jener Stimme von der lautstarken Forderung nach mehr übertönt, die von den Geschmacksknospen und vom Magen kommt. Wenn andererseits unsere automatische Bewertung negativ ausfällt, versuchen wir, die Quelle des Unbehagens zu meiden.

Möbelhersteller machen sich dies zunutze, indem sie uns bei ihrer Werbung für eine Couch höchste Bequemlichkeit versprechen. Sie wissen, dass die Sensoren in unseren Muskeln eine positive Bewertung erzeugen können, die den Verstand, der es besser weiß, auszuschalten vermag. Doch dieser Hang zur Bequemlichkeit kann negative Folgen haben. In ihrem Bestreben, Unbequemlichkeit zu meiden, haben viele Menschen letztlich unter stärkeren Unannehmlichkeiten in Form von Rückenschmerzen zu leiden. Ich habe zu diesen Menschen gehört.

Gelegentlich begegnet mir dies in Meditationsgruppen, wenn jemand, der es nicht gewohnt ist, gerade in der üblichen Meditationshaltung zu sitzen, angestrengt versucht, die Bequemlichkeit einer Couch auf einem Meditationskissen zu finden. Schon den Rücken gerade zu halten, fühlt sich merkwürdig an. Die Beinhaltung erzeugt eine zusätzliche Spannung, und die Teilnehmer haben das Gefühl, dass es vielleicht bequemer wäre, die Beine auszustrecken. Aber dadurch wird es fast unmöglich, den Rücken gerade zu halten! Ich erkläre dann, dass, solange wir leben, ein gewisses Maß an Unbequemlichkeit unvermeidlich ist.

In unserem Bemühen, das Unerreichbare zu bekommen, tauschen wir oft die eine Art von Unbequemlichkeit gegen eine andere ein. Wir tauschen die Unbequemlichkeit, gerade zu sitzen, gegen unbequeme Rückenschmerzen ein, und indem wir unbequemen Sport meiden, geraten wir unbequem aus der Form. Wenn wir nicht bereit sind, die Unbequemlichkeit eines milden Hungers zu ertragen, handeln wir uns das unbequeme Gefühl ein, nach zu vielem Essen aufgebläht zu sein. Und die Unbequemlichkeit der Langeweile tauschen wir gegen einen unbequemen Rausch ein. Und darüber beklagen wir uns dann auch noch.

Vedana und Konditionierung

Vedana bewirkt auch Konditionierung. Wie der Klang einer Glocke bei den pawlowschen Hunden die Absonderung von Speichel hervorruft, erzeugen bestimmte Empfindungen bei uns automatisch Gelüste und andere ein Vermeidungsverhalten.

Aber die gute Nachricht lautet, dass wir widerstehen können, wenn wir uns vergegenwärtigen, wie diese Empfindungen mit Bewertungen belegt sind. Auf diese Art können wir bewusste Entscheidungen treffen, die unsere Werte widerspiegeln. Angewandte Achtsamkeit bedeutet, dass man sich von einer rein reflexhaften Reaktion befreit und diese Freiheit nutzt, um wohlüberlegte Entscheidungen zu fällen, die sich im Einklang mit den eigenen Werten befinden.

Die buddhistische Psychologie unterscheidet das, was wir als »Empfindung« bezeichnen, in zwei Teile sowie in einen dritten Teil, die Begierde oder den Widerwillen, der zwangsläufig folgt. Was wir normalerweise unter »Empfindung« verstehen, wird als »Kontakt« bezeichnet – als Kontakt zwischen einem Sinnesobjekt und unseren Sinnesorganen. Dieser wird von Vedana begleitet, der Qualität unseres sinnlichen Erlebens, das angenehm, unangenehm oder neutral sein kann.

Die westliche Psychologie spricht häufig von Empfindung, als könnten wir Dinge nur wie eine Maschine hören und würden ein Geräusch erfassen, ohne einen Unterschied etwa zwischen dem Klang einer Harfe und einem über eine Tafel schabenden Stück Kreide zu machen. Die buddhistische Psychologie hingegen sagt, dass wir, wenn wir lauschen, nicht nur eine Druckwelle erfassen, wie es ein Mikrofon tut, sondern dass wir zugleich eine Qualität empfinden, und zwar immer. Tatsächlich sind wir uns dieser Qualität manchmal stärker bewusst als der eigentlichen Wahrnehmung, beispielsweise wenn wir in die Küche gehen und sagen »Es riecht lecker«, ohne uns unbedingt bewusst zu sein, was genau wir da riechen – ein Eintopfgericht, eine Suppe oder kurz angebratenes Gemüse. Dann gehen wir zu dem Topf auf dem Herd, heben den Deckel und blicken hinein. Und dann *sehen* wir etwas Leckeres. Auch jetzt sehen wir die Dinge nicht unbedingt so, wie das eine Kamera tut, und möglicherweise sind wir anschließend nicht in der Lage, die Frage zu beantworten, ob das Gericht, das wir uns angesehen haben, Zucchini enthält oder nicht. Aber es sieht lecker aus, und wir wollen etwas davon.

Vedana kann intensiver sein als das Gefühl eines direkten Kontakts zwischen einem Sinnesobjekt und unseren Sinnesorganen. Vedana ist unser Gefühl bei einer Empfindung – angenehm, unangenehm oder neutral –, und es führt zur nächsten Stufe: Begehren, wenn die Empfindung als angenehm, Abneigung, wenn sie als unangenehm, oder Gleichgültigkeit, wenn sie als neutral wahrgenommen wird. Als dies geschieht ohne Einschaltung des Denkens.

Der Buddhismus fordert uns auf, misstrauisch gegenüber Begierden und Abneigung zu sein. Wenn der Geist sinnlichen Bewertungen glaubt und sie für wahr hält, können wir beispielsweise von Salz, Zucker und Fett abhängig werden. Wir können eine Sucht nach Bequemlichkeit entwickeln, ohne es auch nur zu merken. Wir können zu viel Bier trinken oder ein größeres und glänzenderes Auto kaufen, als wir brauchen.

Wenn angenehme Gefühle mit Empfindungen verbunden sind, erzeugen sie ein Bedürfnis, einen Wunsch oder eine Begierde. Dabei handelt es sich nicht um einen rationalen, verstandesmäßigen Wunsch wie beispielsweise den Wunsch nach einer friedlicheren Welt, sondern um eine instinktgeleitete Begierde, die häufig den Verstand ausschaltet. Die buddhistische Psychologie hat diesen Prozess vor vielen Jahrhunderten analysiert und in Form des Lebensrades bildlich dargestellt. (Eine klare Version dieses Bildes sowie eine Erörterung darüber findet sich in Thich Nhat Hanhs Buch *Das Herz von Buddhas Lehre. Leiden verwandeln – die Praxis des glücklichen Lebens).*

Unsere Vorlieben können bestimmen, wer wir sind. Wir werden zum Beispiel zum »Biertrinker«. Aber es war die sinnliche Bewertung, die unsere Vorliebe geformt hat. Folglich ist unser Selbstempfinden als »Biertrinker« zum Teil durch einen automatischen Prozess erzeugt worden. Aber nur eine dünne Linie trennt harmlose oder nette Vorlieben von einer zerstörerischen Sucht. Der anfangs lediglich entspannend wirkende Konsum von bestimmten Substanzen kann in ein Suchtverhalten umschlagen – mit zuweilen tödlichen Konsequenzen.

Wir essen aufgrund sinnlicher Bewertungen, weil das Essen angenehme Empfindungen hervorruft und es uns ermöglicht, unangenehme Hungergefühle zu vermeiden. Aber die gleichen angenehmen Empfindungen sind auch Teil unseres Belohnungssystems – des Systems, das eine Sucht erzeugt. Sobald die einsetzt, essen wir immer weiter, weil wir nicht aufhören können. Wir wollen, dass die angenehmen Gefühle fortdauern. Die Folgen sind Gewichtszunahme, Fettleibigkeit, Diabetes und Arteriosklerose. Darin liegt in aller Kürze das Problem: Überleben, Genuss und Sucht sind eng miteinander verbunden.

Ohne Achtsamkeit kann die sinnliche Bewertung eine lebensnotwendige Tätigkeit wie das Essen in eine Krankheitsursache verwandeln. Und sie kann dadurch Stress erzeugen, weil man von seinen Wertvorstellungen abweicht, wenn man zu viel isst. Man strebt eigentlich Gesundheit und Attraktivität an, bewegt sich aber stattdessen unaufhörlich auf einen schlechten Gesundheitszustand und Übergewicht zu. Jedes Mal, wenn wir uns anziehen, Kleidung kaufen oder schwimmen gehen oder einfach in den Spiegel sehen, werden wir darauf gestoßen. Unser Spiegelbild passt nicht zu dem Idealbild, das wir in unserem mentalen Fotoalbum von unserem Körper haben. Wir empfinden Stress, weil wir das Gefühl haben, machtlos zu sein und uns auf einem wegrollenden Zug zu befinden, den wir nicht anhalten können. Wir ertrinken in Buddhas Fluss der Begierden.

Achtsamkeit gegenüber sinnlichen Bewertungen

Bei der letzten Wahl in der kanadischen Provinz Quebec wäre fast ein krankhaft fettleibiger Arzt Gesundheitsminister geworden. Ein amerikanischer Präsident wäre wegen der Verwicklungen, die sich aus seinen sexuellen Verfehlungen ergaben, fast vor Gericht gestellt worden. Wir sind zuweilen verdutzt, wenn brillante, fähige Menschen zu Sklaven ihrer Begierden werden. Aber die sinnliche Bewertung umgeht das Bewusstsein und den Verstand. Aus diesem Grund ist Achtsamkeit so wichtig. Das, was uns nicht bewusst ist, kann uns beherrschen. Bewusstheit ist Macht. Sie gibt uns die Macht zu entscheiden.

Beim Essen haben wir ein kleines Zeitfenster für eine bewusste Entscheidung, und zwar, bevor wir anfangen zu essen. Wir können vorher entscheiden, was und wie viel wir essen werden, und Strategien entwickeln, um bei unseren Entscheidungen zu bleiben. Sobald wir mit dem Essen anfangen, übernimmt die sinnliche Bewertung das Kommando über unsere Gabel.

Intelligente, erfolgreiche Menschen haben viele Fähigkeiten, aber möglicherweise sind es hierfür nicht die richtigen. Wenn Gelüste die Macht ergreifen, geschieht das nicht, weil es dem oder der Betreffenden an Moral, Intelligenz oder Charakter fehlt. Woran es mangelt, ist Achtsamkeit. In der guten alten Zeit wollten Eltern nicht, dass ihre heranwachsenden Töchter vor einem bestimmten Alter Sex hatten; darum bewachten sie sie. Sie wollten auch Knutschereien verhindern, denn wenn ein Paar erst einmal anfängt zu schmusen, »führt das eine zum anderen«.

Dies ist eine andere Art auszudrücken, dass sinnliche Bewertungen das Ruder übernehmen und wir dann wollen, dass der Strom angenehmer Gefühle anhält.

Zucker

Viele von uns sind Zucker gegenüber wehrlos. Von den fünf Grundgeschmacksrichtungen (süß, sauer, bitter, salzig und pikant) aktiviert Süße das Belohnungszentrum im Gehirn am stärksten. In einer Untersuchung aus dem Jahr 2007 kamen Wissenschaftler der Universität Bordeaux zu dem Ergebnis, dass intensive Süße das Belohnungszentrum noch stärker stimuliert als Kokain. Ratten, die zwischen gesüßtem Wasser und intravenösen Kokaininjektionen wählen konnten, entschieden sich zu 94 Prozent für gesüßtes Wasser. Sie ähneln der Tochter von Bekannten, die mit neunzehn Jahren fettleibig wurde und Diabetes bekam. Dieses Mädchen schüttet täglich ein Dutzend und mehr Gläser Limonade in sich hinein, obwohl ihr der Arzt davon abgeraten hat.

Ja, sie ist eine wirklich Süchtige, aber viele andere sind auch nicht weit davon entfernt. Ich kann mich noch gut an das verzückte Gesicht eines etwa fünfjährigen Mädchens erinnern, das auf einer staubigen Straße im mexikanischen Tulum eine riesige Coca-Cola-Flasche schleppte. Oder an den Bericht eines Freundes, der als Lehrer in einem Indianerreservat in Ontario arbeitete: Mütter im Teenageralter gossen Pepsi in die Milchflaschen ihrer Kinder.

Doch es ist möglich, die Gier nach Zucker zu zügeln. Eine kleine Minderheit von uns hat das getan. Sie süßt ihren Kaffee oder Tee nicht, trinkt lieber Wasser als Limonade und sucht in den Regalen der Lebensmittelgeschäfte nach zuckerfreiem Joghurt. Sie ist sich dessen bewusst, dass die positive sinnliche Rückmeldung, die wir erhalten, wenn wir Süßes konsumieren, nicht bedeutet, dass übermäßig viel Zucker für uns gesund ist.

Mit vollem Mund denken

Die Achtsamkeit tritt gegen einen mächtigen Feind unserer Tage an. Die Hersteller von Junkfood arbeiten hart daran, Nahrungsmittel zu entwickeln, die unseren Geschmacksknospen möglichst starke positive Bewertungen entlocken. In *Das Salz-Zucker-Fett-Komplott. Wie die Lebensmittelkonzerne uns süchtig machen* beschreibt Michael Moss das Ausmaß dieser Bemühungen. Mich erinnert dies an das Manhattan-Projekt, in dessen Rahmen alle Kräfte für den Bau der ersten Atombombe im Zweiten Weltkrieg eingesetzt wurden. Moss verweist in seinem Buch beispielsweise auf die eindrucksvolle Forschungsanlage von Frito-Lay in der Nähe von Dallas. Fast fünfhundert Chemiker, Psychologen und Techniker erforschen dort für bis zu dreißig Millionen Dollar jährlich zum Beispiel die Knusprigkeit, das Mundgefühl, das Aroma und den beim Kauen für das Zerbrechen von Chips aufzuwendenden Druck, die von den Konsumenten als optimal empfunden werden.

»Sowohl Fett als auch Salz bilden den Kern von Frito-Lays Geschäft in Plano, Texas, und einige der Lieblingsmethoden des Unternehmens, diese beiden Zutaten einzusetzen, wurden mir von Robert I-San Lin, einem ehemaligen leitenden Forscher dort, berichtet. Dazu gehören beeindruckende Anstrengungen der Unternehmensmitarbeiter, den idealen Snack auf eine mathematische Gleichung mit den Komponenten Geschmack und Komfort herunterzubrechen. … Der Reiz, der von Fett und Salz ausgeht, überwiegt die gesundheitlichen Bedenken der Öffentlichkeit dabei problemlos.«

Die sich in den USA und anderswo epidemieartig ausbreitende Fettleibigkeit ist nicht einfach so entstanden – sie ist sorgfältig inszeniert worden. Die Nahrungsmittelproduzenten wissen, dass die sinnliche Bewertung kein rationaler Vorgang ist, sondern über die Sinne abläuft. Sie wissen, dass sie uns steuern können, sobald sie die perfekte Formel für einen verführerischen Geschmack gefunden haben – wenn nicht über die Nase, dann über die Zunge, wobei das Bewusstsein völlig umgangen wird.

In einer Rezension zu Moss' Buch schrieb Jonathan Kay in der kanadischen *National Post*: »Wir wissen alle, dass industriell verarbeitete Nahrungsmittel schlecht für uns sind. Aber wir sind so schwach, ihren in Laboren ausgeheckten, kokainähnlichen Verlockungen zu widerstehen, dass wir nicht damit aufhören können, sie zu essen, wenn sie uns nicht mit Gewalt entrissen werden.« Das Problem besteht darin, dass es niemanden gibt, der den Auftrag hat, dies zu tun. Wenn Sie das zu Hause bei Ihren Kindern, Ihrem Partner oder Ihren Gästen zu tun versuchen, werden Sie damit vermutlich eher unwirsche Gefühle statt Dankbarkeit ernten.

Erheblich besser ist es, unsere Fähigkeit zur Achtsamkeit zu wecken und die Situation dann durch sie in den Griff zu bekommen. Die Strategie der Junkfood-Dealer besteht darin, das Bewusstsein zu umgehen. Doch uns stehen etliche Abwehrmittel zur Verfügung:

- Sehen Sie ganz genau hin, um zwischen Hunger nach Nahrung und Hunger nach sinnlicher Befriedigung zu unterscheiden. Was empfinden Sie gerade? Hunger nach Nahrung ist ein Bedürfnis, das gestillt werden kann. Aber Hunger nach angenehmen Empfindungen ist ein Verlangen, das automatisch entsteht und unvermindert weiterbestehen bleibt. Wir wollen mehr. Wenn der Magen seine Nummer abzieht und Botschaften zu senden beginnt wie: »Wenn du nicht sofort isst, dann stirbst du. Also lass alles stehen und liegen und beginn zu essen. Es ist egal, was du isst, Hauptsache, du isst etwas!«, können wir lächeln und ihm widersprechen.
- Das Verlangen nach angenehmen Empfindungen kann durch Dinge besänftigt werden, die nicht dick machen: durch interessant schmeckende Kräutertees, Kaugummi oder einfaches Wasser. Sie können es auch mit Ablenkungsstrategien wie einem Spaziergang oder Musikhören versuchen.
- Lassen Sie erst einmal etwas Zeit verstreichen. Zählen Sie langsam bis zehn. Sehen Sie Ihre E-Mails durch. Räumen Sie das Geschirr weg. Je länger Sie die Befriedigung hinauszögern, desto größer wird die Chance, dass ein Nachdenken über Ihre Begierde einsetzt. Bei ihrer sofortigen Befriedigung geben Sie Ihren Überlegungen keine Chance.

- Entscheiden Sie, bevor Sie sich zum Essen hinsetzen, was und wie viel Sie essen werden, und stellen Sie sich das hin. Bevor Sie zu essen anfangen, können Sie noch rational denken. Sobald die Geschmacksknospen eingeschaltet werden, übernimmt Vedana das Kommando, und Sie essen einfach weiter, um die angenehmen Empfindungen weiterlaufen zu lassen.
- Hüten Sie sich davor, sich mit Essen zu trösten. Als wir Babys waren, ist unsere Mutter gekommen, wenn wir geschrien haben, und hat uns die Brust oder die Flasche gegeben. Das kann dazu geführt haben, dass wir uns auch heute noch unbewusst nach Essen sehnen, wenn wir traurig sind.

Sie können die obigen Strategien abwandeln und andere Dinge als Essensersatz wählen, etwa eine Tätigkeit, die sie gern machen.

Befriedigung oder Stress?

Wir mögen leckeres Essen, angenehme Musik, schöne Dinge und wohlriechende Düfte. Wir geben gutes Geld dafür aus und verwenden viel Zeit darauf, uns etwas Schönes zu kaufen. Wir essen aus Freude am Essen, häufig über den Sättigungspunkt hinaus. Und allein von der iTunes-Seite wurden 16,5 Millarden Songs heruntergeladen. Das sind rund 2,5 Songs pro Kopf, wenn man alle auf diesem Planeten lebenden Menschen mitzählt, auch Babys und ältere Bürger.

Sehen Sie den Zusammenhang? Buddha sah ihn.

Wir klammern uns an sinnliche Freuden. Sinnliche Freuden wie ein Bad in der Sommersonne, wohlschmeckendes Essen oder angeregt dem Gesang der Vögel zu lauschen gehören zum Lebensgenuss. Aber es gibt einen Unterschied zwischen diesem gesunden Genießen dessen, was uns umgibt, und der zielstrebigen Jagd nach sinnlichen Freuden. Während Ersteres zum Gegenwärtigsein gehört – zum hier und in unseren Sinnen Sein –, ist Letzteres mit Gier und Verlangen durchtränkt. Ersteres schenkt uns Zufriedenheit, Letzteres belastet uns oft, weil wir mehr wollen. Wir betrügen, schwindeln, lügen und stehlen sogar, um mehr zu bekommen.

Beim Thema sinnliche Freuden denken einige Menschen, dass die buddhistische Lehre zwiespältig sei, weil sich manche buddhistischen Schriften positiv, andere negativ dazu äußern. Des Rätsels Lösung ist einfach. Wenn wir zu unseren Sinnen, also zu Bewusstsein kommen, genießen wir, was wir im Augenblick um uns herum vorfinden. Die Ermahnungen, nicht den Begierden anheimzufallen, warnen uns davor, unablässig nach Sinnesfreuden zu streben. Es geht um den Unterschied zwischen dem Essensgenuss und einem ständigen Verlangen nach mehr, zwischen einem zufriedenen Menschen und einem hungrigen Geist. Während wir nach künftigen Vergnügungen gieren, kann es passieren, dass wir die Freuden, die wir vor der Nase haben, übersehen.

ÜBUNG

Achtsamkeit am Speisetisch

Essenszeiten können eine heikle Angelegenheit sein. Wenn Kinder im Haus sind, kann es vorkommen, dass sie in etwas, das sie gerade tun, versunken sind und nur widerwillig damit aufhören, um zum Essen kommen, wenn sie gerufen werden. Manchmal sträuben sie sich auch, beim Aufräumen zu helfen. Oder sie sind nörglerische Esser, und all die Spannungen, die rund um die elterlichen Forderungen wie »Iss dein Gemüse« entstehen, können dann auftauchen und zu verhärteten Gefühlen führen.

Einem Ehepaar mag die Essenssituation – zwei Menschen sitzen einander an einem Tisch gegenüber – als passend erscheinen, Dinge zu besprechen. Doch die Essenszeiten sind eher zum Genießen als für eine Unterredung geeignet, vor allem wenn es sich dabei um die Klärung seit Langem bestehender Differenzen handelt, die ohne Vorwarnung in einen Streit umschlagen können. Wenn das geschieht, schwindet die Freude am Essen, und das liebevoll zubereitete Gericht schmeckt plötzlich wie Sägemehl. Vermeiden Sie also während der Essenszeit emotional aufgeladene Themen.

Wenn Sie sich während einer Mahlzeit durch ein Gespräch oder durch Ihre Gedanken fortreißen lassen, besteht eine weitere Gefahr darin, dass Sie zu viel essen oder trinken, ohne es zu bemerken. Das ist noch ein Grund, Achtsamkeit an den Speisetisch zu bringen.

Nehmen Sie sich vor dem Essen einen Moment Zeit, um alle ungeklärten Gedanken oder Gefühle loszulassen – alle Sorgen, die Sie vielleicht von der Arbeit mit nach Hause gebracht haben; allen Unmut, den Sie möglicherweise spüren, wenn Sie das Essen selbst zubereitet haben; alle Probleme mit dem Benehmen der Kinder und alle Dinge, die Sie mit Ihrem Partner besprechen müssen. Für alles gibt es die richtige Zeit und den richtigen Ort, und Essenszeiten gehören nicht dazu. Sie sind auch nicht für Reden über die Politik, die Wirtschaft oder das Verhalten der Kinder geeignet. Die Hauptsache, um die es am Essenstisch geht, ist das Essen und das Genießen des Essens.

Lebensmittelverschwendung ist ein weiterer Bereich, bei dem Achtsamkeit hilfreich sein kann. Insgesamt werfen wir fast so viele Lebensmittel weg wie wir essen. Wir häufen mehr, als wir essen können, auf unsere Teller, und dann kratzen wir die Überbleibsel in den Abfalleimer. Wenn Sie vor den Mahlzeiten gern ein Tischgebet sprechen, so ist hier eines, das dieses Problem anspricht:

Dieses Essen ist das Geschenk der Erde
und das Ergebnis von viel liebevoller Arbeit.
Lasst uns so viel nehmen, wie wir brauchen,
und alles essen, was wir nehmen.
Lasst uns mit einem friedvollen Geist essen,
uns unseres Beisammenseins erfreuen
und jeden Bissen mit Dankbarkeit genießen.

Ein Tischgebet muss nicht jedes Mal laut gesprochen werden. Sie können den Text auf Ihrem Computer schreiben, ihn ausdrucken und laminiert zu Tischsets machen. In unserem Essbereich habe ich ein Schild, auf dem »ERNÄHREN« steht. Es erinnert mich, warum ich dort bin. Irgendwie ist »ernähren« ein besseres Wort als »essen«. Es vermeidet, dass Themen wie emotional essen, zu viel essen oder ungesundes Essen anklingen. Ein weiteres Wort, das sich sowohl für die Küche als auch für den Essenstisch eignet, ist »ATMEN«, denn im Zusammenhang mit Achtsamkeitsübungen fordert es auf, die Aufmerksamkeit von den Gedanken auf die Atmung und auf den Körper zu lenken.

7.

Selbststeuerung und Achtsamkeit

Es ist der Geist sein eigner Raum, er kann
in sich selbst einen Himmel aus der Hölle
und aus dem Himmel eine Hölle schaffen.
John Milton

Lucie, Lehrerin einer siebten Klasse, schilderte ihren Alltag: »Während ich etwas an die Tafel schrieb, spürte ich, dass hinten in der Klasse etwas vor sich ging. Sean war aufgestanden, zum Tisch eines anderen Jungen gegangen und schlug ihn. Als ich ihn fragte, was los sei, erwiderte er: ›Ich musste ihn schlagen. Er hat mich beschimpft.‹«

Dellen, ein etwas schwermütiger und ängstlicher Geschichtslehrer, erzählte von seinen gescheiterten Versuchen, Veränderungen in sein Leben einzuführen wie Sport oder eine gesündere Ernährung. »Ich weiß, dass ich diese Dinge tun sollte«, sagte er. »Aber ich habe keine Kontrolle über mich. In der Vergangenheit habe ich mit bestimmten Programmen begonnen, aber ich habe sie nicht durchgezogen. Wissen Sie, ich habe morgens manchmal Probleme, aus dem Bett zu kommen.«

Auf den ersten Blick sieht es so aus, als hätten Sean und Dellen entgegengesetzte Probleme: Während der Schüler Sean seine impulsartigen Reaktionen nicht im Griff hat, kämpft Dellen damit, das zu tun, was er eigentlich tun will. Gibt es eine Verbindung zwischen diesen beiden Problemen? Tatsächlich kann auch Dellen seine Impulse nicht kontrollieren – er raucht, und obwohl er gern damit aufhören würde, fühlt er sich, wenn das Verlangen nach einer Zigarette in ihm aufsteigt, ebenso unfähig wie Sean, seine Handlungen bewusst zu steuern.

Wie viel Kontrolle haben wir über unsere Handlungen? Dellen glaubte, dass er keine darüber hätte. Aber ich erwiderte ihm, das sei lediglich ein weiterer Gedanke. Da er sich mit diesem Gedanke vereine, sei er von ihm überzeugt. Dennoch bringe er es fertig, jeden Morgen zur Arbeit zu gehen und regelmäßig zu unseren Treffen zu kommen. Das sei ein Widerspruch, über den er nicht nachgedacht habe.

Morgens aus dem Bett zu kommen, ist schwierig. Ich habe einmal ein T-Shirt an einer jugendlichen Kassiererin im örtlichen Gemischtwarenladen gesehen, das die Aufschrift trug: »Ich bin heute Morgen aus dem Bett gekommen. Was willst du mehr?« Ich konnte mir den täglichen Kampf mit ihren Eltern vorstellen, die versuchten, sie morgens zum rechtzeitigen Aufstehen zu bewegen, damit sie den Schulbus erreichte.

Wenn wir ans Aufstehen denken, haben wir schon das im Kopf, was wir nach dem Aufstehen tun wollen. Wir betrachten kaum, was wir zurücklassen. Sich morgens im Bett zu wälzen, ist ein sinnliches Erlebnis. Unsere nackten

Füße berühren einander und erfreuen sich an ihrem Beisammensein. Die Horizontale ist weniger anstrengend für den Organismus als die Vertikale. Während wir uns strecken und drehen, spüren wir die köstliche Berührung der Decke auf unserer Haut. Die im vorigen Kapitel beschriebene sinnliche Bewertung, die das Thema des vorigen Kapitels war, entfaltet ihre Wirkung, und wir wollen, dass die angenehmen Empfindungen andauern. Fügen Sie noch ein wenig Tagträumereien und das Gefühl der Freiheit von Verpflichtungen hinzu, wird die Empfindung sogar noch besser. Nicht nur Dellen und der jugendlichen Kassiererin geht es so.

Die Anatomie der Kontrolle

Seans Lehrerin würde sich wünschen, dass er mehr Selbstbeherrschung hätte, aber weder Sean noch seine Lehrerin sind sich klar darüber, was beherrscht werden muss. Wenn ihn jemand beschimpft, regt sich Sean auf. Wir können ihm zugestehen, dass er den Eindruck hat, seine Gefühle nicht unter Kontrolle zu haben. Aber er muss wissen, dass er »einen dicken Hals« bekommen und den Drang verspüren kann, seinen Klassenkameraden zu verprügeln, ohne es dann wirklich zu tun. Er hat vielleicht seine Gefühle oder Impulse nicht im Griff – vor allem nicht angesichts seiner jungen Jahre –, aber selbst in seinem Alter hat er die Kontrolle über sein Verhalten. Er hat dies dadurch bewiesen, dass er wartete, bis die Lehrerin der Klasse ihren Rücken zuwandte, um etwas an die Tafel zu schreiben, und den anderen Jungen erst dann schlug. Wenn ihn ein älterer und erheblich größerer Junge beschimpft hätte, dann hätte Sean vermutlich nicht versucht, ihn zu schlagen.

Der Telefonanruf

Stellen Sie sich folgendes Szenario vor: Sie haben einen hitzigen Streit mit einem Familienmitglied. Sie befinden sich mitten in einem erbitterten Wortwechsel, sind verärgert und schreien sich möglicherweise sogar an. Und genau jetzt klingelt das Telefon.

Es ist ein geschäftlicher Anruf von einem Kunden. Er hat eine Frage zu einem wichtigen Vertrag, von dem Sie hofften, dass er ihn unterschreiben würde. Plötzlich ändert sich Ihre Stimme. Sie klingt jetzt herzlich und zugewandt. Sie beginnen, aufmerksam zuzuhören, wirklich zuzuhören, damit Sie seine Bedenken verstehen und angemessen auf sie eingehen können. Sie sind bereit, Zugeständnisse zu machen und Kompromisse einzugehen. Sie denken über Umformulierungen beanstandeter Klauseln nach und schlagen sie vor, damit der Vertrag für beide Seiten akzeptabel ist.

Schlagartig sind Sie zu einer anderen Person geworden, und diese neue Person ist in vielerlei Hinsicht das genaue Gegenteil der vorherigen. Während die erste Person nur geredet und nichts aufgenommen hat, hört diese neue Person zu. Hat die erste Person barsche Worte verwendet, so ist die neue freundlich und höflich. War die erste Person laut und hat den anderen ständig unterbrochen, wartet diese neue Person, bis der andere ausgeredet hat, und antwortet in einer normalen Stimmlage. Ihr Ehepartner oder mit wem auch immer Sie zuvor gestritten haben, bevor das Telefon klingelte, beobachtet das Ganze nur erstaunt.

Das Alltagsleben ist voll von solchen Beispielen, die zeigen, dass wir mehr Kontrolle über unser Verhalten haben, als wir vielleicht manchmal glauben.

Wut

Vermutlich ist Wut das Gefühl, das am häufigsten für einen Kontrollverlust verantwortlich ist. Wie andere Gefühle auch stachelt uns Wut zum Handeln an. Aber welche Art von Handlungen ist das? Wut wird oft von dem Drang begleitet, jemandem Leid zuzufügen. Man will das Objekt seiner Wut verletzen, aber manchmal tut es auch jedes andere Objekt. Beispielsweise tritt man gegen die Tür oder knallt sie zu, oder man ist auf seinen Chef wütend und lässt das an der eigenen Familie aus.

Achtsamkeit ermöglicht es, sich seiner Antriebe bewusst zu sein, sodass man sie, statt sie auf zerstörerische Weise auszuleben, in mitfühlende und nutzbringende Taten umlenken kann. Viele Veränderungen auf der Welt mögen mit einem Gefühl der Wut begonnen haben. Das Ergebnis waren Kriege, aber auch die Gründung von engagierten Organisationen, die beispielsweise die Rechte der Frauen unterstützen.

Fatal wird es, wenn neben Wut Alkohol im Spiel ist, der Gegenspieler zur Achtsamkeit. Aus diesem Grund machte Buddha die Abstinenz vom Alkohol zur Voraussetzung für alle, die seiner Gemeinschaft beitreten wollten.

Ich werde nicht wütend, ich zahle es heim

Dieser Satz bestätigt, dass wir unsere Handlungen kontrollieren können. Aber wer auch immer sich diesen Satz hat einfallen lassen, brachte das Gefühl der Wut mit der impulsiven Art von Handlungen durcheinander, die wir oft mit Wut verbinden. »Ich werde wütend, aber ich handele nicht impulsiv. Ich plane meine Handlungen, damit sie die gewünschte Wirkung erzielen«, wäre vielleicht die bessere Formulierung gewesen. Die Person, die sich diesen Satz ausgedacht hat, wurde wütend, auch wenn sie es abstreitet. Sonst hätte sie nicht Zeit und Energie darauf verwendet, Möglichkeiten zu ersinnen, süße Rache zu nehmen. Sie ist nicht die Art von Mensch, die tobt und rast. Sie steht einfach mitten in der Nacht leise auf und lässt die Luft aus Ihren Reifen.

Ist Heimzahlen die einzige Möglichkeit?

Folgende Geschichte hat Amy während eines unserer Gruppentreffen erzählt. Doug, Amys älterer Sohn, war immer ein schlechter Schüler und Student gewesen. Im vergangenen Semester war er in zwei Kursen durchgefallen und aus dem College geworfen worden. Seither wohnte er wieder in seinem einstigen Souterrain-Zimmer in Amys Vorstadtbungalow. Er versuchte es mit einer Reihe von Tätigkeiten ohne Aufstiegschancen, hielt sich aber in keiner lange. Es schien, als habe er weiter keine Ambitionen, außer Computerspiele zu spielen und in der örtlichen Tankstelle Benzin abzufüllen.

Eines Nachts um drei Uhr morgens erwachte Amy von dem vertrauten Geräusch von Dougs Computerspielen. Sofort stieg eine rasende Wut in ihr auf – ihr Ärger über Dougs Faulheit hatte lange vor sich hin geschwelt. Sie zog ihren Morgenmantel über und ging mit der Absicht zur Tür, ihm gründlich die Meinung zu sagen.

Dann hielt sie inne. Sie erinnerte sich an die Achtsamkeitslehre, nicht im Zorn zu handeln. Im Zorn sagen oder tun wir möglicherweise Dinge, die wir später bereuen. Wir können mehr Probleme schaffen, als wir lösen, und wir erzeugen zusätzlichen Stress.

Amy jedenfalls zog ihren Morgenrock wieder aus und ging zurück ins Bett. Das machte eine offene Aussprache mit Doug am nächsten Tag möglich, in der Amy all ihre Fähigkeiten als Beratungslehrerin einsetzte, um ihm zu helfen. Ihre Beziehung zu ihrem Sohn wurde dadurch gestärkt statt geschädigt.

Erinnern Sie sich an die übrigen Teile Ihrer selbst

Wir sind nicht so einseitig, wie wir erscheinen mögen, wenn wir zeitweilig »ausrasten« oder vorübergehend gelähmt sind, nachdem sich ein Schrecken gelegt hat. Wir alle haben Mitgefühl in unserem Herzen und können uns in andere einfühlen. Aber die sinnlichen Bewertungen oder unsere Gefühle machen uns blind. Wenn ich immer warten würde, bis ich wirklich Lust auf Sport habe, würde ich nur gelegentlich ins Fitnessstudio gehen. Dann würde mir der Nutzen, den ein regelmäßiges Training mit sich bringt, entgehen.

Es ist bedauerlich, aber wahr: Wenn ich die sportliche Betätigung am meisten brauche, habe ich am wenigsten Lust dazu. Manchmal tun wir etwas, weil uns danach ist. Dann kommt zuerst das Gefühl. Zu anderen Zeiten kommt das Tun zuerst. Wir fangen einfach an, und die Tätigkeit erzeugt ihre eigene Dynamik, und schon bald sind wir ganz in ihr versunken.

Viele geistige Schichten

Stellen Sie sich einen Trockner voller Wäschestücke vor, die sich langsam drehen. Während sich die Trommel dreht, kommen bestimmte Teile nach vorn und andere verschwinden aus dem Blickfeld. Mit dem Geist ist es ähnlich – Gedanken, Bilder, Erinnerungen und Gemütszustände purzeln ständig herum. Unsere Gefühle werden von dem erzeugt, was vorn ist. Die anderen Dinge sind unserem Blick zeitweilig verborgen, obwohl sie auch weiterhin irgendwo vorhanden sind. Sie treiben unsere Gefühle jedoch im Moment nicht an.

Wenn man mit einer Tätigkeit beginnt, ohne dazu besonders motiviert zu sein, ist das so, als würde man nach einem T-Shirt greifen, das sich momentan ganz hinten in der Wäschetrommel verbirgt. Wenn wir danach greifen, ziehen wir es nach vorn, und dann beginnt es, unsere Gefühle anzutreiben. Wir müssen nicht warten, bis das T-Shirt von selbst nach vorn kommt. Wir können danach greifen. Wenn Musiker in einem Konzert auftreten, tun sie das auch nicht, weil sie durch einen magischen Zufall plötzlich Lust haben, zum festgesetzten Zeitpunkt Musik zu machen.

Selbststeuerung

Zu jedem beliebigen Zeitpunkt sind wir ein Bündel aus Vorlieben, Abneigungen, Unbehaglichkeiten, Sehnsüchten, Gefühlen, Werten, Zielen, Begeisterung, Verschlossenheit und möglicherweise ein paar Schmerzen und Qualen und sogar einigem Herzeleid. Wenn wir morgens aufstehen, steht auch dieses gesamte Bündel mit auf. Wenn wir zu einer Verabredung gehen, geht dieses ganze Bündel mit. Wenn Sie zulassen, dass Sie irgendein Unbehagen behindert, leidet auch der Rest des Bündels. Ihre Sehnsüchte leiden, Ihre Werte und Ziele geraten in Bedrängnis. Wenn Sie sich durch Angst daran hindern lassen voranzuschreiten, verderben Sie sich den gesamten Tag oder Abend. Wenn Sie das systematisch tun, erstarrt Ihr Leben. In dem Versuch, zusätzlichem Stress aus dem Weg zu gehen, erzeugen Sie noch mehr Stress, weil Sie Reue und Frustration erzeugen.

Während der Meditation sitzen wir da und beobachten, wie alles in dem Bündel, das wir als unser Selbst bezeichnen, langsam in unsere Wahrnehmung kommt und dann wieder aus ihr verschwindet. Wir werden mit all den Inhalten des Bündels vertraut. Es wird dadurch weniger wahrscheinlich, dass wir das Teil, das sich gerade vorn im Bündel befindet, wie das Gefühl, das wir augenblicklich empfinden, für das gesamte Selbst halten. Dadurch verbessern sich unsere Fähigkeiten zur Selbststeuerung.

Jeder von uns ist ein Bündel

Wir sollten froh darüber sein, dass alle Menschen einen bestimmten Grad an Egoismus haben, weil sonst jemand anderes für sie sorgen müsste. Völliger Altruismus kann genauso problematisch sein wie völliger Egoismus. Es gibt eine Geschichte über den weiblichen indischen Guru Amma, »den umarmenden Guru«. Sie wurde in eine arme Familie aus einer niedrigen Kaste geboren. Als Kind schenkte Amma immer alles her, was ihre Familie an Verwertbarem besaß. Das veranlasste ihren Vater, sie an einen Baum zu binden.

Dem Gesang der Sirenen widerstehen

Während der Meditation beobachten wir nicht nur, wie unsere Bewusstseinszustände und Gefühle aufsteigen und vorbeiziehen, sondern wir beobachten auch das Verlangen, das sie erzeugen, ohne dass wir dem nachgeben. Eine Meditation gleicht ein wenig der Erfahrung, die Odysseus machte, als sein Schiff in Hörweite an der Insel der Sirenen vorbeifuhr. Odysseus bestand viele Abenteuer auf seinem Heimweg von der Schlacht von Troja, und er wusste, dass der Gesang der Sirenen unwiderstehlich war. Es kursierten Geschichten über Seeleute, die ihn gehört hatten und sich daraufhin in die Fluten stürzten, um an Land zu schwimmen. Aber sie kamen um, weil die Felsen und Strömungen in jener Gegend besonders tückisch waren.

Als sich sein Schiff der Insel der Sirenen näherte, wurde Odysseus jedoch neugierig, wie ihr Gesang wohl klingen mochte. Daher befahl er seiner Mannschaft, ihn an einen Mast zu fesseln und ihn unter keinen Umständen wieder loszubinden, bis das Schiff die Insel passiert und sich weit genug von ihr entfernt hatte. Die gesamte Mannschaft trug Ohrstöpsel. Nur Odysseus hörte den Gesang der Sirenen und spürte das Verlangen, zu ihnen zu schwimmen, aber er konnte seinem Impuls, ins Meer zu springen, nicht nachkommen.

Wie Odysseus in dieser Geschichte können wir, wenn wir meditierend dasitzen, einen Drang, ein Unbehagen oder eine Unruhe spüren, doch wir sind an das Meditationskissen »gefesselt« und handeln nicht. Wir lernen, unser Verlangen und unsere Gefühle einfach zu beobachten. Achtsamkeit leugnet oder ignoriert unsere Gefühle nicht – sie ist eine Verpflichtung, ihnen nicht gedankenlos nachzugeben.

ÜBUNG

Morgens aufwachen

Ich wache heute Morgen auf
und sehe den blauen Himmel;
ich falte meine Hände
in Dankbarkeit für die vielen Wunder des Lebens.
Thich Nhat Hanh

An welcher Seite des Bettes stehen Sie auf? An der richtigen oder der falschen? Dies ist eine zu wichtige Angelegenheit, als dass man sie dem Zufall überlassen sollte. Wenn Sie den Tag bereits gestresst beginnen, geht es von da an bergab. Wenn Sie diese Zeilen jeden Morgen lesen, ruft dies positive Gefühle der Wertschätzung, der Dankbarkeit, des Staunens und sogar der Ehrfurcht angesichts der Wunder des Lebens in Ihnen hervor, und Sie beginnen den Tag auf dem richtigen Fuß. Hier ist noch ein Zitat von Thich Nhat Hanh; es ergänzt das obige auf schöne Weise:

Ich erwache diesen Morgen und lächele.
Vierundzwanzig neue Stunden liegen vor mir.
Ich schwöre, jeden Augenblick intensiv zu leben
und alle Lebewesen
mit den Augen des Mitgefühls zu betrachten.

In diesem Zitat werden die guten Gefühle der Vorfreude und des Mitgefühls durch einen physischen Ausdruck vervollständigt: ein Lächeln.

In ihrem Buch *Die Macht der guten Gefühle* belegt Barbara L. Frederickson mit zahlreichen Studien, dass gute Gefühle unseren Blick erweitern und uns mehr Möglichkeiten sehen lassen. Sie machen uns auch im Leben erfolgreicher. Glückliche Menschen sehen nicht nur mehr Möglichkeiten, sondern es eröffnen sich ihnen auch mehr Möglichkeiten.

Das, was wir vom Himmel sehen, ist nicht immer blau. Dennoch ist über den Wolken immer ein blauer Himmel da. Können Sie den Himmel über den Wolken sehen, oder sehen Sie nur die Wolken?

Gestalten Sie diese wenigen Zeilen liebevoll oder schreiben Sie sie mit der Hand ab und platzieren Sie sie an einem strategisch sinnvollen Platz, wo Sie sie sehen können, wenn Sie morgens die Augen öffnen. Morgens mit positiven Gefühlen aufzuwachen, ist eine hervorragende Ergänzung oder sogar eine Alternative zum Koffein. Ich sehe, was Koffein mit den Menschen macht, wenn ich beobachte, wie sie morgens zur Arbeit fahren! Laut Professor James Lane vom Duke University Medical Center lässt selbst ein geringer Koffeinkonsum einen Menschen genauso wie nach einem stressreichen Tag reagieren. Wenn Sie mit den Zeilen von Thich Nhat Hanh aufwachen, so fördert das ihre morgendlichen Aktivitäten auf eine sanftere Weise.

8.

Suchen Sie sich Ihre Leidenschaften und Besessenheiten aus

König Salomon war hingerissen
und sammelte 1000 Frauen
und sah zu, wie seine Schätze dahinschwanden
wie gepflückte Blumen …
Krishna hatte eine andere Gesinnung
– mir gefällt seine Haltung.
Er tanzte, spielte Flöte und zog weiter.
Hinter sich ließ er liebevolle Erinnerungen
und eine tiefe Sehnsucht …
Der Garten ist eine Schatzkammer –
Sonnenschein wie flüssiger Bernstein,
Tautropfen wie Perlen,
frische Frühlingsblumen,
und jede Kreatur umarmt die Schönheit der anderen.
Das Selbst, das all dies besitzen will,
hat sich bereits von diesem Geist entfernt.

Joseph Emet

Wahrscheinlich haben Sie schon einmal in einem Zoo einen Tiger gesehen, der mit nur einem Gedanken im Kopf in seinem Käfig hin und her gelaufen ist: wie er in die Freiheit entkommen kann. Zu Beginn des ersten Kapitels seines Buches *Das Leben tiefer verstehen. Erkenne dich selbst und lebe gelassener* zitiert der Dalai Lama Patrul Rinpoche: »Zu Beginn deiner Übung sei rege wie ein Reh, das in einem Pferch gefangen ist und sich befreien will.«

Bei jemandem, der so einspurig denkt, steigen dieselben Gedanken automatisch wieder und wieder auf. Wenn dies geschieht, ist es meiner Meinung nach angemessen, von Besessenheit zu sprechen. In der Psychologie begegnen wir dem Begriff Besessenheit meist im Zusammenhang mit Zwangsneurosen, die keine ausgleichende, kreative oder gutartige Seite haben. Aber eine leidenschaftliche Besessenheit, die uns dazu bringt, die ganze Zeit über etwas nachzudenken und uns ständig damit zu beschäftigen, kann auch eine positive Seite haben. Es ist ein von Liebenden, Komponisten, Dichtern und kreativen Wissenschaftlern wie Einstein empfundener Geisteszustand. Leidenschaft bezieht sich auf die Qualität und Intensität Ihrer Beschäftigung. Besessenheit berücksichtigt auch die Quantität.

Um zu dem gefangenen Reh und dem eingesperrten Tiger zurückzukommen: Ihre Besessenheit von dem Wunsch freizukommen ist positiv. Gleiches gilt für die Besessenheit, frei von Krebs zu werden, wenn jemand gerade die gefürchtete Diagnose bekommen hat. In solch einem Fall kann man darauf wetten, dass der oder die Betreffende mit dem Gedanken beschäftigt ist, wieder gesund zu werden. Im Gegensatz dazu ist eine Besessenheit von Rachegedanken nicht positiv. Und auch der besessene Hass, der die Terroristen dazu trieb, das World Trade Center zu zerstören, war es nicht.

»Spezielle Menschen mit Talent« – so sehen viele Menschen Musiker. Ich weiß es besser. Ich habe siebzehn Jahre damit verbracht, mit ihnen zusammen zu sein und bei wöchentlichen Auftritten irisches Akkordeon zu spielen. Ich würde nicht sagen, dass der Besitz von Talent das vorherrschende Kennzeichen bei all meinen einstigen musikalischen Gefährten gewesen ist. Ja, ein paar von ihnen waren besonders begabt, und wir sahen alle zu ihnen auf. Aber erheblich mehr waren durchschnittlich, und einige unterdurchschnittlich – eine typische Glockenkurve der Verteilung. Ich bemerke eine ähnliche Talentverteilung bei den Künstlern, die ihre Werke in den Cafés und Restaurants in meiner Nachbarschaft ausstellen, die ich besuche, und bei den Kunsthandwerkern, die auf den jährlichen Weihnachtsmärkten Stände mieten.

Was meine musikalischen Gefährten vor allem charakterisierte, waren Leidenschaft und Besessenheit. Sie waren alle »verrückt« nach irischer Musik. Ein kreativer Künstler, dessen Talent seiner Besessenheit entspricht, ist Leonard Cohen. In einem Interview fragte ihn Paul Zollo: »Würden Sie sagen, dass Ihr Geist ständig an Songs arbeitet, selbst wenn Sie nicht aktiv arbeiten?«, und er antwortete: »Ja. Aber die meiste Zeit über arbeite ich aktiv an Songs. Aus diesem Grund ist mein Privatleben in die Brüche gegangen. Ich arbeite fast immer an Songs.« Und er ergänzte:

»An ›Suzanne‹ habe ich viele Monate gearbeitet. Es ist eben eine Frage der Intensität. Ich war noch immer fähig, mit anderen Sachen zu jonglieren: einem Leben, einer Frau, einem Traum, anderen Zielen, anderen Aufgaben. An einem bestimmten Punkt merkte ich dann, dass ich nur noch einen Ball in meiner Hand hatte, und das war der Song. Alles andere war zerstört oder beschädigt worden, und ich konnte nicht zurückgehen und war ein Jongleur mit einem Ball.«

Trotz des persönlichen Preises, den er bezahlen muss, hat Leonard Cohens leidenschaftliche Besessenheit eine positive Seite: Sie hat ihm persönliche Befriedigung eingebracht, und seine Songs haben das Leben anderer Menschen bereichert. Im Gegensatz dazu haben König Salomon seine eintausend Frauen sicherlich vor allem Probleme und zusätzlichen Stress bereitet.

Das Problem, das entsteht, wenn man es zulässt, von Besitztümern besessen zu sein (und in jener Zeit wurden Frauen von reichen und mächtigen Männern als Besitz betrachtet), ist ein zweifaches: Erstens können Sie Ihre Besitztümer nur eines nach dem anderen genießen und zweitens haben solche Besitztümer ein Eigenleben und verlangen Ihre Aufmerksamkeit. Der Spieß dreht sich um, und ohne dass Sie es merken, werden Sie zum Knecht Ihrer Besitztümer.

Imelda Marcos mag dreitausend Paar Schuhe besitzen, aber sie kann nur ein Paar auf einmal tragen. Und Schuhe sind häufig unbequem, wenn man sie das erste Mal trägt. Also ließ sie sich auf dreitausend qualvolle Tage ein. Und Sie brauchen einen Raum (nicht nur einen Schrank) für dreitausend Paar Schuhe. Wenn Sie dann noch eine vergleichbare Anzahl an Pullovern und Blusen haben, brauchen Sie ein ganzes Haus. Und jeden Tag müssen Sie zu diesem Haus gehen und die dreitausend Paar Schuhe und dreitausendfünfhundert Pullover durchsehen, um auszuwählen, was Sie an diesem Tag tragen wollen. Sie müssen das Haus außerdem saugen und in den Regalen regelmäßig Staub wischen. Ich bin schon ganz erschöpft, wenn ich nur daran denke.

Ich erinnere mich noch an den Tag meines eigenen Erwachens in Sachen Kleidung. An jenem Tag habe ich umgeschaltet und Kleidung nicht mehr als Dinge an sich verstanden, sondern sie von ihrem Gebrauchswert her betrachtet. Sie können besessen von schönen Dingen werden und sie sammeln wollen. Aber Dinge beanspruchen auch Platz und stehen Ihnen im Wege. Als ich begann, Kleidung unter dem Aspekt ihres Gebrauchswerts zu sehen, bemerkte ich, dass ein paar von jedem Teil vollkommen ausreichen.

An die Funktion zu denken statt an den Gegenstand sorgt übrigens dafür, dass sich die eigene Haltung in anderen Bereichen ebenfalls klärt. Törtchen? Denken Sie an die Funktion. Brauchen Sie ein schönes Törtchen, oder müssen Sie Ihren Hunger stillen, damit Sie einen produktiven Nachmittag verbringen können? Autos? Denken Sie auch hier an die Funktion. Brauchen Sie ein Transportmittel oder ein glänzendes Objekt auf Rädern? Wenn das, wonach Sie sich sehnen, ein glänzendes Objekt auf Rädern ist, wollen Sie natürlich das glänzendste und raffinierteste haben. Solch ein Auto ist teuer. Wenn Sie es nach der

Funktion auswählen, ist Ihre Wahl rationaler, weil Sie sich dann nicht vom Erscheinungsbild der Objekte verführen lassen. Wenn Sie mit dem Bus in die Stadt fahren wollen, steigen Sie dann etwa nur deshalb nicht ein, nur weil der einfahrende Bus nicht dem neuesten Model entspricht?

Wenn man an die Objekte selbst denkt, dann löst dies Gier und Habsucht aus. Wenn man hingegen in den Kategorien Nutzen und Funktionen denkt, wird ein Weg in Richtung Einfachheit und Eleganz angestoßen. Ein Denken an die Objekte lässt groß als schön und mehr als besser erscheinen. Bei einem Denken an die Funktion ist klein schön und eine Reduzierung macht Sinn.

In ihrem Buch *Platon und Schnabeltier gehen in eine Bar* erwähnen Thomas Cathcart und Daniel Klein folgenden Witz:

Verkäufer: Werte Dame, dieser Staubsauger halbiert Ihre Arbeit.

Kundin: Fantastisch! Geben Sie mir zwei davon.

Leidenschaft, die den Tag rettet

Die buddhistische Tradition ist nicht sonderlich objektfreundlich. Sie ist erfahrungs- und handlungsfreundlich. Unter dem Blick Buddhas zerfallen die Dinge oder verlieren ihre Getrenntheit.

Ein Tisch? Sie können einen Baum darin sehen und in dem Baum den Sonnenschein, den Regen und den Boden. Sie und ich? Wir sind Ökosysteme, die zehnmal so viele Mikroben wie menschliche Zellen enthalten. Unser

Leben ist begrenzt, und wir können ohne die Luft, die wir atmen, und das Wasser, das wir trinken, nicht existieren. Geld? Sein Wert hängt ganz und gar von der Regierung, die es herausgibt, sowie von den Marktbedingungen ab. »Geld kann man nicht essen«, lautet ein Sprichwort.

Unser Verhalten, unsere Handlungen (oder unser Karma), die dahinterstehenden Absichten sowie ihre moralische Qualität beschreiben wiederum, wer wir sind und wer wir werden. Um noch einmal auf Leonard Cohen zurückzukommen: Auf die Frage, wie ein Song in seinem Kopf entsteht, antwortete er: »Es beginnt mit einem Verlangen, meine Selbstachtung zu entdecken; den Tag zu retten. Auf diese Weise versinkt der Tag nicht in Verpflichtungen.« Es hat nichts Erlösendes, sich dreitausend Paar Schuhe zu kaufen.

Suchen Sie sich Ihre Leidenschaften aus

Es mag so wirken, als würden uns unsere Leidenschaften aussuchen und nicht umgekehrt, weil sie durch automatische Gedanken angefacht werden. Aber was facht automatische Gedanken an? Sie antworten vielleicht, dass sie einfach auftauchen, wie Sonnenschein. Aber Sonnenschein taucht nicht einfach auf. Er wird von nuklearen Reaktionen an der Sonnenoberfläche genährt. Was also treibt unsere automatischen Gedanken an?

Gier und der Wunsch, den Tag zu retten, waren die Treibmittel in den oben angeführten Beispielen, aber offensichtlich variiert das von Mensch zu Mensch. Angst, Essen, Sex, Shopping, die Sehnsucht nach Erfolg, nach Babys, der Wunsch zu herrschen, Geltungssucht, Selbstverwirklichung oder der Wunsch, anderen zu helfen, sind ein paar verbreitete Antriebe.

Nehmen Sie sich jetzt einen Moment lang Zeit und denken Sie nach. Nennen Sie einige der vorherrschenden Themen Ihrer automatischen Gedanken. Setzen Sie sich beispielsweise ein paar Minuten meditierend hin, und schreiben Sie sie dann auf. Oder stellen Sie sich vor, dass Sie wie Leonard Cohen interviewt werden. Wenn Sie sich dann zurückarbeiten, können Sie herausfinden, was Ihre Gedanken befeuert.

Diese Übung befreit Sie von dem roboterhaften Gefühl, von übermächtigen Kräften gesteuert zu werden. Ja, Sie können die Richtung Ihrer automatischen Gedanken und Ihre Besessenheiten ändern. Vielleicht waren Sie früher von Barbie-Puppen oder Spielzeugautos besessen. Das haben Sie inzwischen hinter sich gelassen, oder? Vielleicht sagen Sie, dass dies eine unvermeidliche Folge der Entwicklung Ihres Gehirns war, das sich mit zunehmendem Alter weiterentwickelt hat. Aber Entwicklung vollzieht sich in jedem Alter. Das Gehirn behält seine Formbarkeit das ganze Leben lang, auch wenn auf dem Button, der an meinem Kühlschrank haftet, steht: »Du bist nur einmal jung, aber du kannst für immer kindisch bleiben.«

Aus einer Besessenheit herauswachsen

Man kann durch Lebenserfahrung und durch den natürlichen Reifungsprozess aus einer Besessenheit herauswachsen. Man kann das auch durch eine gezielte Ausrichtung und durch Konzentration schaffen. Entscheidend dafür ist, was man als »Seelensuche« bezeichnen könnte. Das setzt einen tiefen Blick in sich selbst voraus. Wie gesagt, Erkenntnis ist eine der Grundfunktionen der Achtsamkeit. Wir können durch den Prozess des tiefen Sehens unseren innersten geistigen Prozess erkennen.

Stellen Sie sich vor, Sie wären ein See. Sie wollen tief in diesen See blicken. Das können Sie nicht, wenn die Oberfläche durch Wind oder Wellen oder herumfahrende Schiffe aufgewühlt wird. Sie können es nur, wenn die Oberfläche ruhig ist. Den Geist zu beruhigen, ist der erste Schritt bei der Meditation.

Die Winde der Emotionen oder restliche, durch frühere Tumulte aufgepeitschte Wellen können die Oberfläche Ihres Sees aufwühlen. Erst wenn die Winde abgeflaut sind und sich das Wasser beruhigt hat, wird die Oberfläche des Sees glatt wie ein Spiegel. Dann reflektiert der See getreulich unsere Realität – Wolken, Möwen, Bäume oder was auch immer sich darüber befindet. Das Wasser wird zugleich durchsichtig, wenn man genau hinsieht: Man kann sehen, ob der Boden sandig oder voller Pflanzen ist – man kann die innere Realität des Sees sehen.

Buddhistische Meditationsmeister haben die Oberfläche beruhigt und tief in den See ihrer Seelen geblickt. Sie haben dort viele Dinge gefunden: Liebe, Hass, Mitgefühl,

Wut, Neid, Altruismus, Arglist, Ehrlichkeit, Verwirrung, Freude und mehr. Sie haben das Schöne eingesammelt und an die Oberfläche gebracht.

Stellen Sie sich vor, Sie wären ein Sporttaucher und würden dahinschwimmen und all diese Eigenschaften betrachten, die wie unterschiedlich gefärbte Kiesel oder Muscheln auf dem Boden des Sees oder Ihres Herzens liegen. Was davon würden Sie lieber dort liegen lassen, und welche würden Sie gern aufheben und an die Oberfläche bringen? Welche würden Sie gern als Trophäen sammeln und zu Hause auf Ihrem Couchtisch zur Schau stellen? Würden Sie Verwirrung oder Freude, Hass oder Liebe wählen?

Was ich gerade beschrieben habe, ist der Weg, den die Achtsamkeitsmeditation geht – den See Ihres Geistes beruhigen, damit Sie den Boden sehen und die unterschiedlichen Geisteszustände wahrnehmen, die dort liegen, und eine bewusste Auswahl treffen, um die positiven Zustände weiterzuentwickeln, indem Sie sie häufig betrachten.

Ohne Achtsamkeitsmeditation laufen die Dinge ganz anders ab. Die Oberfläche ist aufgepeitscht, sodass Sie nicht sehen, was darunter liegt. Sie wählen nicht. Stattdessen wühlen die Stürme des Alltagslebens den See auf und befördern unterschiedliche Dinge an die Oberfläche. In dem einen Augenblick kann es Hass und in dem nächsten Eifersucht sein. Denken Sie an das Treibgut, das Sie manchmal auf einem schlammigen See schwimmen sehen – eine Coca-Cola-Flasche, das Einwickelpapier eines Bonbons …

So sieht unsere übliche Bewusstseinslage aus. Und wir akzeptieren das, genauso wie wir akzeptieren, dass auf unseren realen Seen Coca-Cola-Flaschen und Bonbonpapiere treiben. Und so wie einige dieser Dinge die Landschaft nicht verschönern, machen uns manche der Dinge, die auf dem Boden unseres Bewusstseins liegen, nicht glücklich, sondern sie erzeugen Stress.

Ich muss mich häufig an einen Spruch erinnern, den jemand an die Mauer eines bolivianischen Franziskanerklosters in Sucre geschrieben hatte: »El mejor cosmético para la belleza es la felicidad.« – »Die beste Schönheitskosmetik ist das Glück.« Und nicht der Stress.

ÜBUNG

Gedächtnisstützen oder visuelle Mantras

Als ich das erste Mal im Plum Village war, sah ich eine Kalligrafie in Thich Nhat Hanhs charakteristischer Handschrift, die fragte: WAS TUN SIE? Naheliegend schien eine Antwort zu sein wie: »Ich stehe herum.« Aber hinter der Frage steckt mehr. Es ist eine Fangfrage, denn der Körper und der Geist können unterschiedliche Dinge tun. Jeder kann sehen, dass Sie herumstehen. Man braucht nicht danach zu fragen. Aber was tut der Geist? Ist der Geist dort, wo der Körper ist, oder macht er etwas anderes?

Diese Frage wurde so angelegt, dass sie Wahrnehmung bewirkt.

Unsere derzeitigen mentalen Gewohnheiten haben Jahre gebraucht, um sich zu entwickeln. Wir benötigen Gedächtnisstützen und Zeit, um sie zu verändern. Nachstehend finden Sie einige Worte und Sätze, die Sie in Ihren Wohn- und Arbeitsräumen aufhängen oder hinstellen können, um Ihre Achtsamkeitsübungen frisch im Gedächtnis zu behalten.

Es kann passieren, dass eine dieser Gedächtnisstützen irgendwann zu einem gewohnten Teil unserer Einrichtung wird und wir dann aufhören, sie zu beachten. Wenn das der Fall ist und ein Zeichen nicht mehr wie gewünscht funktioniert, ersetzen Sie es durch ein anderes oder ändern Sie seinen Platz.

Die folgenden Gedächtnisstützen ähneln denen in Plum Village. Diese visuellen Mantras werden hier ohne spezielle Formatierung aufgeführt. Schreiben Sie sie ruhig auf Ihrem Computer in der Schrift und Größe ab, die Ihnen am liebsten ist. Sie können sie auch in der von Ihnen gewünschten Form schmücken oder sie mit der Hand abschreiben, wenn sie dadurch für Sie an Bedeutung gewinnen. Ich zum Beispiel habe kurze Mantras auf Strandsteine unterschiedlicher Größe geschrieben und dafür Tipp-Ex verwendet, das in einer Flasche mit Pinsel verkauft wird. Wenn Sie auf Papier schreiben, eignen sich Filzstifte gut.

Weitere Gedächtnishilfen können Sie auch im Internet finden. Suchen Sie beispielsweise nach Kalligrafien von Thich Nhat Hanh.

Jeder Schritt ist Frieden.

Atme einfach, alles kommt ins Lot.

Übe dich in Achtsamkeit.

Ein Lächeln mit jedem Atemzug.

Glück ist hier und jetzt.

Ich bin bereits angekommen, ich bin schon zu Hause.

Lächle. Das Leben ist ein Wunder.

Der Geist ist ein klarer blauer Himmel.

Glück macht dich schön.

Es gibt keine Weisheit ohne Liebe.

Auf den nächsten beiden Seiten finden Sie Beispiele, wie Sie diese Sätze formatieren können, damit sie schön aussehen. Sie können sie auch fotokopieren.

*Wenn ich einatme,
komme ich zurück zu
einer Insel des Friedens in
meinem Herzen.*

Ich bin bereits angekommen,
ich bin schon zu Hause.

9.

Akzeptieren lernen

Tränen standen Lori in den Augen, als sie die Geschichte ihrer Mutter erzählte. »Sie hat alles richtig gemacht. Sie hat gut gegessen, Sport getrieben und auf sich geachtet. Sie ist eine schöne Frau. Sie hat es nicht verdient, Alzheimer zu bekommen.« Während Lori, eine attraktive Brünette über fünfzig, die Situation beschrieb, wurde klar, dass sie teilweise um ihrer selbst willen bekümmert war. »Ich gerate in Panik, wenn mir ein Name nicht einfallen will. Werde ich so wie sie enden?«

In meinen Kursen treffe ich auf Menschen, die ein Lebensthema haben, das sie zusätzlich unter Stress setzt. Manchmal ist es etwas, das bei der Arbeit nicht läuft, manchmal ist es ein Problem mit einem Kind und manchmal, wie in Loris Fall, handelt es sich um eine beunruhigende Situation mit einem Elternteil. Oft liegt dem das Gefühl zugrunde, »dass das Leben nicht so sein sollte. Eigentlich sollte alles gut laufen. Tut es das nicht bei anderen Menschen?«

Ich erzählte Lori die Geschichte von Kisa Gotami. Gotami, eine Zeitgenossin Buddhas, war die junge Mutter eines Babys. Als sie eines Morgens erwachte, stellte sie fest, dass ihr kleiner Sohn nicht mehr atmete. In Indien wurde der Wert einer Frau an ihrer Fähigkeit gemessen, männliche Kinder zu gebären. Frauen, die keinen Sohn gebaren, wurden manchmal von ihren Ehemännern und Schwiegereltern mit Geringschätzung gestraft oder sogar schwer misshandelt. Angesichts dieses Hintergrunds war Gotamis Gram wahrscheinlich wie bei Lori mit Sorge um sich selbst durchmischt.

Jedenfalls war Gotami der Geschichte zufolge von ihrem Schmerz überwältigt und nicht bereit, das Offensichtliche zu akzeptieren. Sie rannte ziellos herum und fragte jeden, ob er irgendeine Medizin habe, die ihr Baby heilen könne. Die Angesprochenen sahen, dass man dem Baby nicht mehr helfen konnte, und schüttelten traurig den Kopf. Dann kam jemand auf die kluge Idee vorzuschlagen, dass sie zu Buddha gehen und ihn um Rat fragen solle. Sie lief zu ihm und erzählte ihm schluchzend ihre Geschichte.

Ich kann mir vorstellen, wie Buddha ihr voller Mitgefühl zuhörte und nicht nur auf ihre Worte, sondern auch auf ihre Gemütsverfassung und ihre Haltung achtete. »Ich kann dein Kind wieder gesund machen«, sagte er schließlich. »Es gibt eine Medizin, die ich herstellen und durch die dein kleiner Sohn genesen kann. Bring mir einfach ein paar Senfkörner. Aber auf eines musst du achten: Diese Senfkörner müssen aus einem Haus kommen, in dem noch nie ein Familienmitglied gestorben ist.«

Dazu folgende Informationen: Bis zum heutigen Tag verwenden Inder Senfkörner wie wir Zwiebeln. Sie braten Senfkörner in Öl und fügen dann Gemüse oder andere Speisen hinzu, aus denen sie sich ein Gericht kochen. Senfkörner waren also keineswegs etwas Seltenes, sondern ein Grundnahrungsmittel der indischen Küche. Außerdem verkauften die Leute vor zweitausendsechshundert Jahren, als es noch keine Makler gab, ihre Häuser nicht nach durchschnittlich sieben Jahren wieder, wie dies heute zumindest in den USA der Fall ist. Vielmehr lebten Großfamilien Generation für Generation in ihren angestammten Wohnsitzen.

Als Gotami von Haus zu Haus ging und Buddhas Forderung wiederholte, stieß sie daher auf lauter traurige Geschichten: In jedem Haus war jemand gestorben – ein Elternteil, ein Kind, ein Ehepartner oder ein naher Verwandter. Ich kann mir ausmalen, wie sich Gotamis »Warum ich?«-Haltung im Laufe des Tages verflüchtigte. Nicht nur sie musste einen Verlust erleiden, sondern es traf jeden und war eine Erfahrung, die so alltäglich war wie Senfkörner.

Am Ende des Tages setzte sich Gotami an den Straßenrand und dachte eine Zeit lang nach. Schließlich erhob sie sich, ging zum Dorffriedhof und begrub dort ihr Baby, dessen Tod sie nun akzeptiert hatte.

Kisa Gotami könnte als Schutzheilige des Hinnehmens und der Selbstverpflichtung betrachtet werden. Sie veranschaulicht nicht nur das Akzeptieren des Unveränderlichen, sondern auch die Verpflichtung gegenüber ihren neuen Erkenntnissen. Der buddhistischen Geschichtsschreibung zufolge wurde sie später ein Arhat, eine erleuchtete Vermittlerin der Weisheit.

Als ich Lori diese Geschichte erzählte, war mir vollkommen klar, dass das Wissen um das Leid anderer Menschen unseren eigenen Kummer nicht verringert. Es erhöht nur die Wahrscheinlichkeit, dass wir es akzeptieren. Wir denken nicht länger, dass die Dinge so nicht sein sollten oder dass das Schicksal ausgerechnet uns ausgewählt hat, um uns hart herzunehmen. Stattdessen akzeptieren wir, dass die Dinge eben so sind.

Stress kann auf zweierlei Weise hervorgerufen werden. Erstens durch ein tatsächlich stark belastendes Ereignis, das, wie Kisa Gotamis Geschichte nahelegt, jeder erlebt. Zweitens durch die Art, wie wir solch ein Ereignis interpretieren. Dank ihrer Begegnung mit Buddha veränderte sich im Laufe eines einzigen Tages die Sichtweise, die Gotami gegenüber ihrem Verlust hatte.

Eine Münze mit nur einer Seite?

Geburt und Tod treiben die Maschine der Evolution an. Ohne sie hätten wir uns nicht zu modernen Menschen entwickelt, die sich über ihre Verluste beklagen. Ohne sie hätten wir einen Cro-Magnon als Nachbarn, einen wahrhaft in die Jahre gekommenen Mitbürger im reifen Alter von vierzigtausend Jahren.

Krankheit, Alter und Tod sind Teil des Preises, den wir zu zahlen haben. Sie gleichen dem Button, den wir ohne großes Nachdenken anklicken, um dem Download einer Applikation zuzustimmen. Wir und unsere Vorfahren haben seit Generationen bei der Geburt auf diesen Button geklickt. Denn was wäre die Alternative? Wie beim Computer drückt dieser Button nicht die Zustimmung zu allen Bedingungen aus, sondern den Wunsch fortzufahren. Die Zustimmung kommt vielleicht später, wenn wir das Kleingedruckte lesen und auf all die Einschränkungen und Bedingungen stoßen, die mit dem Privileg, hier zu sein, verbunden sind.

Wenn wir jung sind, sausen wir in seliger Unkenntnis des Kleingedruckten durch die Welt. Alter, Krankheit und Tod sind Dinge, die anderen zustoßen, nicht wahr? Wie es in einem alten Witz heißt: »Ich habe vor, ewig zu leben. Bisher läuft alles nach Plan.« Viele von uns behalten diese Haltung bei, solange sie können – ohne den Witz zu verstehen.

Der Tod gibt dem Leben eine Bedeutung, und zwar auf folgende Weise: Wir neigen dazu, Glück mit dem Erreichen eines Ziels gleichzusetzen. Aber wenn sie mit einer Zielerreichung verbunden werden, entschwinden Glück und sein enger Verwandter, die Zufriedenheit, schnell ans Ende des Regenbogens. Sie werden als Gefühle betrachtet, die wir nur erleben werden, wenn wir unsere Ziele erreicht haben – später, nicht jetzt. Nun sind Ziele zweifellos wichtig. Aber das Wissen um Krankheit, Alter und Tod drängt uns, die durch das Erreichen eines Ziels entstehende Befriedigung mit dem Genießen des Augenblicks zu kombinieren.

Sich mit Alter, Krankheit und Tod abzufinden, ist kein Morbiditätstraining. »Zeit sparen« ist eine falsche Bezeichnung. Wir können Zeit nicht auf die gleiche Weise »sparen«, wie wir Geld sparen können. Es gibt keine »Zeitsparkasse«. Wir können die Zeit nicht für einen späteren Gebrauch beiseitelegen. Wenn wir Zeit »verbrauchen«, ist sie fort. Wenn wir sie »sparen«, ist sie ebenfalls fort. Das Glück, das wir hinausschieben, gerät mehr und mehr außer unserer Reichweite. Stellen Sie sich Tage als Seiten in einem Malbuch vor: Die Seiten in dem Malbuch sind mit schwarzen Umrissen auf weißem Hintergrund bedruckt, und es liegt an uns, ob wir sie mit schönen Farben ausfüllen.

Der Körperscan ist eine Möglichkeit, zum Hier und Jetzt zu kommen und in Kontakt mit den Vorgängen in unserem Körper zu treten. Gleiches gilt für die Gehmeditation. Wir gehen oft, um irgendwo hinzukommen. Die gegenwärtigen Empfindungen des Körpers werden ignoriert, weil wir uns darauf fixieren, unser Ziel zu erreichen. Hierin unterscheidet sich die Gehmeditation von unserer üblichen Art zu gehen. Die Gehmeditation ist eine Achtsamkeitsübung, die auf unserer Gegenwärtigkeit basiert. Gegenwärtig zu sein, um den Augenblick genießen zu können, ist eine grundlegende Fähigkeit, denn ohne sie sind wir auch unfähig, die Zukunft zu genießen. Denn wenn diese Zukunft eintritt, denken wir schon wieder an eine andere Zukunft und sind noch immer nicht im jeweiligen Moment anwesend.

Die Gegenwart für eine Zukunft zu opfern, ist eine rutschige mentale Angewohnheit. Wenn wir uns mehr in unseren Gedanken als in unserem Körper anwesend fühlen, werden wir immer mehr in der Vergangenheit oder in der Zukunft als in der Gegenwart anwesend sein, weil Vergangenheit und Zukunft aus Gedanken bestehen. Der gegenwärtige Augenblick hingegen besteht aus Empfindungen. Freude ebenfalls. Empfindungen werden in Erinnerungen und Gedanken verwandelt, wenn der Augenblick vorbeigeht. Im Augenblick zu leben bedeutet, in Echtzeit zu leben.

Sehen, was richtig ist

Sobald wir im gegenwärtigen Augenblick ankommen, erscheint eine weitere Hürde, denn wie bei einem Rosenstock besteht der gegenwärtige Augenblick sowohl aus Dornen wie auch aus Blüten. »Leben ist sowohl wunderbar als auch schrecklich«, sagt Thich Nhat Hanh. In seinem Gedicht *Gute Nachricht* ermahnt er uns dazu, uns auf das Wunderbare zu konzentrieren:

Die gute Nachricht ist,
dass dein Kind da vor dir steht
und sich deine Arme benutzen lassen:
Eine Umarmung ist möglich.

Letzen Endes hat man die Wahl, sich auf das Schöne statt auf das Hässliche, auf die Freude statt auf die Traurigkeit zu konzentrieren. Die Vögel haben diese Wahl getroffen und beleben unsere Welt jeden Augenblick mit ihrem Überschwang. Das gilt nicht nur für die Vögel, sondern für die gesamte Natur. Blumen drücken ihre Freude darüber, dass sie leben, vielleicht anders aus als Vögel, aber sie sind mindestens genauso überschwänglich. Ein Löwenzahn zum Beispiel entfaltet seine strahlenden Blüten selbst an tristen Orten wie einem winzigen Flecken Erde an einem Gehsteig. In einem weiteren Gedicht wird Thich Nhat Hanh noch konkreter:

In meinem Garten stirbt ein Baum.
Ich sehe es,
aber ich sehe auch andere Bäume, die
noch kräftig sind und gedeihen.
Und ich bin dankbar dafür.

Tatsächlich gilt das selbst für meinen kleinen Garten. Die Esche im Vorgarten ist dem Asiatischen Eschenprachtkäfer zum Opfer gefallen und bereits halb abgestorben. Aber glücklicherweise ist da noch ein Dutzend anderer Bäume, die herrlich lebendig sind. Eine ähnliche Situation herrscht im Garten meiner Partnerin – die Schnecken zerfressen immer einige Pflanzen, aber der Garten lässt weiterhin jedes Jahr schmackhaftes Gemüse wachsen.

Stadtkultur

Eine weitere Hürde, den gegenwärtigen Moment zu genießen, besteht in unserem städtischen Lebensstil. Wohl oder übel leben inzwischen die meisten von uns in der Stadt. Wir mögen gelegentliche Ausflüge aufs Land unternehmen, aber es bleiben Besuche oder Ferien. Für die Mehrheit befinden sich das Zuhause, die Arbeit und das Herz in der Stadt, und über kurz oder lang kehren sie dorthin zurück.

Die Welt der Stadt besteht nicht aus Natur, Bäumen und Gemüsegärten, sondern aus Kultur, Songs, Fernsehprogrammen und Kinos. In der Stadt haben wir einen Kontakt aus zweiter Hand zur Natur. Vorwiegend sehen wir das Leben so, wie es in der Literatur – in Büchern und Magazinen – und im Fernsehen und Internet widergespiegelt wird.

Unsere zentralen kulturellen Institutionen wie Museen, Konzerthallen, Theater oder Opernhäuser unterscheiden sich in dieser Hinsicht nicht von der Massenkultur – sie führen uns Ansichten über die natürliche Welt und die Sichtweisen von Künstlern vor. Manche dieser Künstler fanden das Glück, aber andere führten ein unglückliches Leben und brachten ihre Unzufriedenheit in ihrer Kunst zum Ausdruck. Wenn wir diese unglückliche Kunst erleben, die vom Staat und von den Universitäten offiziell gutgeheißen wird, können wir den Eindruck gewinnen, dass sie etwas Wichtiges enthält, das studiert und gelernt und vielleicht sogar aufgenommen und nachgeahmt werden sollte. Doch diese Künstler erreichten vor allem durch eine überwältigende Meisterschaft ihres Handwerks Bekanntheit, nicht durch ihre Weisheit oder ihre Fähigkeit, das Glück zu finden und auszudrücken. Ihr persönliches Leben jedoch liefert möglicherweise ein abschreckendes Beispiel, und ihre Kunst übermittelt Ansichten, die man besser meiden sollte. Viele sind keine weltlichen Propheten, sondern eher Rattenfänger.

Dafür gibt es eine Fülle von Beispielen. Einer der Songs von Kurt Cobain besteht vorwiegend aus den Worten »rape me«, also »vergewaltige mich«, die ständig wiederholt werden. Und Lil Wayne brüllt in *Money on my Mind* Obszönitäten und erklärt: »Dear Mr. Toilet I'm the shit«.

Auch die »offizielle Kultur« liefert viele unselige Beispiele. Goethes Werk *Die Leiden des jungen Werther*, in dem sich der Protagonist umbringt, nachdem es ihm nicht gelungen ist, die Liebe einer jungen Frau, die mit einem anderen verlobt ist, zu gewinnen, hat andere labile und irregeleitete junge Männer dazu gebracht, seinem Beispiel zu folgen. Einigen Schätzungen zufolge haben an die zweitausend Männer Nachahmungsselbstmorde begangen, nachdem sie dieses Buch gelesen hatten.

Da ist es schon erheblich besser, Bob Marley mit *Three Little Birds* oder Louis Armstrong mit *It's a Wonderful World* zu folgen, die man beide beispielsweise auf YouTube hören kann. Vermutlich werden Sie am Ende dieser Songs lächeln. Ich will hier nicht die »hohe« Kultur mit der Massenkultur vergleichen, sondern darauf hinweisen, dass man nicht glücklich wird, wenn man negative Gefühle nährt.

Die Stadtkultur stützt sich auf das geschriebene und das gesungene Wort, und viele Künstler denken nicht sonderlich über die Wirkung nach, die ihre Werke auf die Psyche ihres Publikums haben. In ihrem Streben nach Erfolg und Geld verbreiten sie oft Haltungen, denen man lieber nicht nacheifern möchte. *You Belong to Me*, ein zu seiner Glanzzeit oft im Radio gespielter Song von Jason Wade, beschreibt einige wunderschöne Kulissen wie die Pyramiden am Nil, den Markt in Algier oder eine tropische Insel bei Sonnenaufgang, nur um die besungene Frau daran zu erinnern, dass sie, wo immer sie sein und was immer sie tun mag, stets »you belong to me« in Erinnerung behalten möge, dass sie also zu ihm und daher ihm gehört. Wofür wirbt das? Für eine besitzergreifende Haltung gegenüber Frauen, wie man sie in den finstersten Winkeln eines fundamentalistischen Geistes findet. Es fehlen nur noch die Ketten.

Achten Sie darauf, welche Botschaften Sie in sich aufnehmen

Wir schwimmen in einer kulturellen Suppe, und die Medien sind nun unsere Umwelt, mehr als die Wälder und Wiesen. Die traditionelle buddhistische Lehre betont, dass man die Saat positiver Gemütsverfassungen wässern soll, sodass wir uns in Richtung Glück und Zufriedenheit bewegen können. Aber die Medien züchten ihre eigene Saat heran, und der Gärtner verliert die Kontrolle, weil jetzt der Markt über die Bewässerung bestimmt.

Wenn ich die jungen Männer und Frauen beobachte, die überall ihre Kopfhörer tragen, dann frage ich mich, welche Werte sie aus ihren I-Pods aufnehmen. Genießen sie ihr städtisches Paradies oder ertrinken sie in einer städtischen Hölle?

ÜBUNG

Bespielen Sie Ihren I-Pod neu

Musik ist nicht neutral. Sie ist nicht »bloß« Musik. In Wirklichkeit ist nichts neutral. Wenn Sie Ihre Wände und Decken schwarz streichen, ist das nicht neutral. Es ist nicht »bloß« eine Innengestaltung. Es hat eine Auswirkung auf Ihre Stimmung und Ihr Leben. Und manche Musik ist so schwarz wie ein schwarzer Anstrich.

Bei der folgenden Übung liegt mein Schwerpunkt auf Songs, und bei Songs geht es um Worte. Sie können relativ leicht entspannende und erbauliche Instrumentalmusik finden. Don Campbells Buch *Die Heilkraft der Musik* kann Ihnen Anregungen für Ihre Suche geben.

Musik ist eine sakrale Übung. Singen ist Teil vieler spiritueller Traditionen. In Plum Village und in anderen Übungszentren von Thich Nhat Hanh hört man Singübungen. Ich habe viele von ihnen komponiert und aufgenommen. Meine Sammlung heißt *A Basket of Plums* und umfasst zweiundvierzig Songs und ein Vorwort von Thich Nhat Hanh. Interessant an dem E-Book ist, dass es auch die Noten zu allen Songs enthält, sodass Sie mitsingen können. Die Musik, die Sie sich anhören, sollten ein Gefühl des Wohlbefindens erzeugen. Die Songs in *A Basket of Plums* wurden mit dieser Absicht gestaltet. Es sind Songs, die zur Begleitung der Achtsamkeitsübungen geschaffen wurden.

Wir alle haben unsere musikalischen Vorlieben. Es gibt viele Songs auf dem Markt, deren Texte zur Achtsamkeitsübung passen, und viele andere, die dies nicht tun. Lassen Sie sich nicht von schönen Melodien und mitreißenden Rhythmen verführen. Die Worte vieler Songs sind giftig. Die schönen Melodien und die mitreißenden Rhythmen prägen unterschwellig Ihr Bewusstsein. Schauen Sie sich die Texte an, zum Beispiel im Internet. Übernehmen Sie keinen Song, wenn Sie sich nicht mit den dazugehörigen Worten identifizieren können und spüren, dass sie mit Ihren Werten übereinstimmen.

In dem Dokumentarfilm *The Singing Revolution* befreien sich die Estländer ohne jedes Blutvergießen von der sowjetischen Besatzung – durch die Kraft des Singens. Sie können sich die gleiche Kraft zunutze machen, um sich von übermäßigem Stress zu befreien. Songs, die Ihren Stress erhöhen, werden Sie nicht auf Ihrem I-Pod haben wollen.

Teil III

VERÄNDERUNG

10.

Eine Begegnung mit der Veränderung

Früher einmal
gab es keine abschließbaren Türen,
und keine Wände, die uns trennten.
Wir waren immer zusammen,
wir alle –
die Familie, die Menschen …
Dann bauten wir Häuser
mit Wänden und Türen
und stellten fest,
dass wir in ihnen einsam waren.
Und wir hatten Fotos voneinander
und Fotos von den Sonnenuntergängen
und den Wolken …
Jetzt leben wir in zwei Welten,
der sich verändernden außerhalb der Wände …
und der erstarrten innen,
die aus Wortbildern,
Dingbildern, Tierbildern besteht –
aus jenen Bildern des Geistes,
die wir so gut zu manipulieren wissen.

Joseph Emet

In meinen Dreißigern bin ich während einer Reise in Mexiko Change begegnet. Ich hielt mich in den Cabañas Don Armando in Tulum auf, einer Reihe strohgedeckter Hütten auf dem wunderschönen weißen Strand der Karibikküste.

»Hi, ich heiße Joseph«, sagte ich, während wir beide auf die Wäsche warteten.

»Ich heiße Change«, antwortete sie.

Ich war bereits einigen Frauen und Männern begegnet, die als New-Age-Babys geboren worden waren und entsprechende Namen hatten. Aber dass jemand Change, also Veränderung, hieß, war auch für mich völlig neu, und zusammen mit den Bougainvilleen, den Palmen und dem Strand wurden sie und ihr Name Teil des Zaubers jenes Ortes.

Nach dieser Begegnung war ich etwas irritiert und wurde mir plötzlich bewusst, dass der Sonnenuntergang, auf den ich jeden Abend starrte, auch Veränderung war, ebenso wie die Brandung und der Wind. Auch ich war Veränderung, aber ich hatte diesen Moment erleben müssen, um das klar zu erkennen.

Während ich zurückging, bemerkte ich, dass ich jetzt wusste, warum ich so gern draußen lebte und warum ich nun am Strand wohnte – weil die reale Welt immer Veränderung ist und ich hier den Elementen unmittelbar ausgesetzt war. Als ich später der buddhistischen Lehre von der Unbeständigkeit begegnete, war es, als würde ich einen alten Freund treffen.

Jetzt ist ein Verb

Jeder Versuch, das Jetzt zu fassen zu bekommen, es festzuhalten, darüber nachzudenken, es zu verstehen, schlägt fehl. Wir machen viel Aufhebens darum, indem wir es intellektualisieren. Aber das Jetzt, das wir in Begriffe fassen, ist nicht das schwer fassbare Jetzt, in dem wir leben. – Unser Leben, eine ständige Abfolge von Jetzts.

Auch das Selbst ist ein Verb

Auch das Selbst versuchen wir aufzubauschen, und wir identifizieren uns mit diesem Ding, das wir erzeugen. Unsere Identifikation läuft etwa so ab:

Ich bin meine Wahrnehmungen.
Ich bin meine Bewusstseinszustände.
Ich bin mein Körper.

Jede dieser Aussagen mag zutreffen, aber nur für einen Augenblick und nur teilweise. In jedem Fall stellt sich heraus, dass ich mehr bin. Ich bin mehr als meine Gedanken. Ich bin mehr als meine Bewusstseinszustände.

Wenn ich mich mit einem Teil von mir identifiziere, reduziere ich das Ganze auf ein Bruchstück von ihm. Es ist, als würde ich sagen: »Ich bin mein Zahn.« Es trifft zwar zu, dass es sich für mich, wenn ich Zahnschmerzen habe, so anfühlt, als wäre ich nur mein schmerzender Zahn und nur dieser Schmerz. Aber an mir ist mehr, und wenn der Zahn heilt, bin ich in der Lage, wieder das größere Bild und die Dinge in ihrem Zusammenhang zu sehen.

Die Anwendung der Achtsamkeit bedeutet, dass man daran denkt, dass man ein Verb ist, das im Spiegel wie ein Substantiv aussieht. Sie lässt zwar auch diese Illusion gelten, aber sie sitzt ihr nicht auf. Die Realität heißt Veränderung, und Beständigkeit ist eine Illusion, auch wenn es auf den ersten Blick so wirken mag, als sei es umgekehrt.

Es erzeugt Stress, Beständigkeit zu erwarten. Den Wandel anzunehmen, führt zur Weisheit.

ÜBUNG

Achtsam fahren

»Vor der Erleuchtung – hacke Holz und trage Wasser. Nach der Erleuchtung – hacke Holz und trage Wasser.« Dieses Zen-Sprichwort richtet sich auf zwei in damaligen Zeiten übliche Tätigkeiten, die ein praktizierender Zen-Buddhist in der Regel sowohl vor als auch nach seiner Erleuchtung verrichtete. Die Tätigkeiten selbst sind die gleichen, aber jetzt werden sie aus ganzem Herzen und mit Aufmerksamkeit durchgeführt, ohne dass dabei an andere Dinge gedacht wird oder in Gedanken Debatten fortgesetzt werden, die in keinem Zusammenhang mit diesen Tätigkeiten stehen.

Ein theoretisches Verstehen der Achtsamkeit wird zur angewandten Achtsamkeit, indem wir sie in unsere Alltagsaktivitäten einbinden. Und heutzutage ist das Autofahren für die meisten von uns eine üblichere Tätigkeit als Holzhacken oder Wassertragen.

Die nachstehende Übung zum Autofahren soll Sie nicht in einen »Sonntagsfahrer« verwandeln, der ärgerlich oder gar rücksichtslos langsam fährt. Vielmehr sollen Sie in eine gute Stimmung versetzt werden, wenn Sie sich auf die Straße begeben, damit Sie ein Bewusstsein für die Mittel ebenso wie für die Zwecke entwickeln. Die Übung soll der Tendenz entgegenwirken, sich ausschließlich auf das Ziel zu konzentrieren. Außerdem macht sie uns sensibler für die Neigung, beim Fahren in eine konkurrierende, wütende oder ungeduldige Geisteshaltung zu verfallen. Es dauert nur zwei Minuten, die folgenden Zeilen vor dem Losfahren zu singen. (Geeignet dafür ist etwa die Melodie des Kinderliedes *Row, row, row your boat*, die Sie sich beispielsweise auf YouTube anhören können.) Außerdem sollten Sie für die Fahrt ein wenig mehr Zeit einplanen – es könnte sein, dass es Ihnen schwerfallen wird loszurasen, nachdem Sie diese Zeilen gesungen haben.

Fahr, fahr, fahr nur zu, sanft den Weg entlang,
fröhlich, fröhlich, fröhlich, fröhlich in den Tag hinein.
Lächelnd rollst du dahin, sorgenlos und froh,
fröhlich, fröhlich, fröhlich, fröhlich,
Leben ist nur ein Traum.
Lass die Seele mit den Lüften zieh'n,
einem bunten Drachen gleich,

fröhlich, fröhlich, fröhlich, fröhlich,
jeder Tag macht dich reich.
Behaglich sitzt du da, während deiner Fahrt,
fröhlich, fröhlich, fröhlich, fröhlich
beginnt ein schöner Tag.

Sie können diese Zeilen abschreiben oder kopieren und sich als Gedächtnisstütze an die Sonnenblende kleben.

11.

Verändern Sie Ihre Geschichte, verändern Sie Ihre Identität

Warum bleibst du im Gefängnis,
wenn die Tür so weit offen steht?
Rumi

In Hans Christian Andersens bekanntem Märchen vom hässlichen Entlein verwandelt sich ein Jungvogel in Windeseile von einem unscheinbaren Küken in einen prächtigen Schwan. Dieses Kunststück gelingt ihm ohne plastische Chirurgie, ohne Crash-Diät und auch ohne den Besuch bei einem Feder-Stylisten. Er tut es, indem er einfach seine Geschichte ändert.

Wenn »Das hässliche Entlein« ein zeitgenössischer Mainstream-Film wäre, würde er als Familiendrama angekündigt werden, denn es ist die Geschichte des Heranwachsens in einem nicht förderlichen Umfeld. Die Protagonistin unterscheidet sich von ihren Geschwistern und den anderen Enten ihrer Umgebung und leidet unter der Herabsetzung und einer herzlosen Behandlung durch ihr Umfeld. Sie wird zur unglücklichen Einzelgängerin und kommt sogar an einen Punkt, an dem sie an Selbstmord denkt.

Als sie aus der Ferne andere Schwäne sieht, bestaunt sie diese mit einer Mischung aus Bewunderung und Neid, ohne zu erkennen, dass sie genauso schön ist. Sie hat ihrem Umfeld die Geschichte abgekauft, dass sie hässlich und wertlos ist, und sie kann sich aus dieser Geschichte selbst dann nicht befreien, als ihr die Wahrheit aus der Ferne zuwinkt.

Dank glücklicher Umstände kommt ihr schließlich die Erleuchtung: Eines Tages findet sie sich zufällig in der Gesellschaft anderer Schwäne wieder. Ebenfalls zufällig erblickt sie gleichzeitig ihr Spiegelbild an der Oberfläche des Sees. Nun begreift sie es. Begeistert übernimmt sie ihre neue Identität und findet auf einen Schlag Zustimmung und Gesellschaft.

Wenn die Geschichte weitergehen würde, würden wir vermutlich erfahren, dass sie eine Liebesbeziehung aufbaut und Kinder bekommt. Wir können davon ausgehen, dass sie in ihrem Bewusstsein die Bezeichnung »hässliches Entlein« von nun an wirklichen Entenjungen zuordnet und sich nicht mit einschließt.

Das Sehen ihres Spiegelbilds im Wasser ist eine treffende Metapher für den Blick auf das eigene wahre Wesen. Vorher hatte sie irgendwelche falschen Vorstellungen von sich. Diese falschen Vorstellungen wucherten in ihr wie Unkraut im Garten. Zuerst ihre Familie und dann die anderen in ihrer Umgebung nährten die Saat dieser falschen Vorstellungen und unterstützten ihr Wachstum. Wegen ihnen konnte sie weder allein noch mit anderen glücklich sein. Ihre Reise zum Glück begann, als sie in der Lage war, sich als das zu sehen, was sie war.

Der schottische Philosoph, Ökonom und Historiker aus dem 18. Jahrhundert David Hume war wie Buddha zweiundzwanzig Jahrhunderte vor ihm der Auffassung, dass das Selbstempfinden aus einem Bündel von Erfahrungen und Vorstellungen besteht. Wir erleben das Selbst nicht direkt. Was wir erleben, sind Empfindungen und Wahrnehmungen. Buddha würde hinzufügen, dass wir außerdem unseren Körper, Geisteszustände und einen sich ständig verändernden Bewusstseinsstrom erleben. Auf dieser Basis erzeugen wir unser Selbstempfinden. Daraus folgt, dass, wenn unsere Wahrnehmungen fehlerhaft sind, das von uns erzeugte Selbstempfinden verzerrt ist. Das war bei dem Jungschwan in dem Märchen der Fall, und die Geisteszustände der Verwirrtheit und Verzweiflung steigerten seine Verunsicherung noch.

Vor seiner Erkenntnis zeigte der Jungschwan Stressanzeichen. Andere schikanierten ihn, sodass er wegflog und sich versteckte. Sein Selbstempfinden und seine wahre Natur standen im Widerstreit miteinander, und er konnte keinen Frieden finden. Er hatte das Gefühl, den Ansprüchen nicht zu genügen oder nicht »gut genug« zu sein. Erstaunlich viele Menschen berichten, dass sie ebenfalls unter solchen Gefühlen leiden.

Stellen Sie sich vor, dass Sie diesen herrlichen jungen Schwan und sein Drama als neutraler Zuschauer beobachten und die Schikanen und sein Leiden mit einer Mischung aus Erstaunen und Mitgefühl betrachten, wobei Sie sich fragen: »Bist du so aufgewühlt, weil du keine Ente bist?«

Sein Leiden ist ein Spiel in zwei Akten: Im ersten Akt wird er von den anderen drangsaliert. Im zweiten Akt verinnerlicht er die Schikanen und schikaniert sich selbst. Ich fühle mich in der Gegenwart menschlicher hässlicher Entlein, die unter Stress leiden, wie solch ein Zuschauer – sie befinden sich im zweiten Akt eines merkwürdigen Stücks und drangsalieren sich selbst. Sie wissen noch nicht einmal mehr genau, worum es bei ihrem Stress überhaupt geht. Sie wollen einfach nur, dass es aufhört.

Der erste Schritt bei der Achtsamkeit besteht im Erkennen. Vielen Menschen ist nicht bewusst, dass sie sich selbst eine Geschichte erzählen. Sie haben sich stets selbst auf eine bestimmte Weise gesehen. Sie haben eine Geschichte übernommen und in sie investiert. Die Geschichte ist »sie«. Man beginnt damit, sich von seiner Geschichte zu befreien, indem man damit anfängt, tief in seinen Stress hineinzublicken und seine Ursachen zu sehen. Anfangs mag nur ein unbestimmtes Gefühl entstehen. Man hat die Geschichte so umfassend verinnerlicht, dass sie zu etwas Unbewusstem geworden ist. Man spricht es nicht in Worten aus, sondern man spürt einfach nur den Stress.

An dieser Geschichte sehen wir deutlich, dass dem Vogel während seiner Jugend das Gefühl eingeimpft wurde, »nicht gut genug« zu sein. Das kann auch für Menschen zutreffen, die solch ein Gefühl haben. Sie können durch ihre Erziehung oder Kultur bestimmte belastende Einstellungen aufgenommen und verinnerlicht haben. Aber beachten Sie bitte, dass diese Gefühle *jetzt* vorhanden sind und ihnen *jetzt* entgegengetreten werden muss. Es ist aufschlussreich, in die eigene Vergangenheit einzutauchen und dort nach Anhaltspunkten zu suchen, denn dadurch erhalten wir Erkenntnisse über unsere gegenwärtigen

Gefühle. Doch das ändert nichts an der Tatsache, dass wir noch immer Wege finden müssen, mit unseren gegenwärtigen Gefühlen im gegenwärtigen Augenblick umzugehen.

Es ist wichtig, mit welcher Haltung wir die Vergangenheit überprüfen. Wir können die Vergangenheit betrachten, ohne in sie hineinzugehen, so wie wir eine Tür öffnen und in ein Zimmer blicken können, ohne es zu betreten. Wenn eine bestimmte Zeit in der Vergangenheit unsere Folterkammer war, müssen wir nicht wieder in die Folterkammer hineingehen. Wir können im Korridor der Gegenwart bleiben. Ein kurzer Blick durch die Tür der Vergangenheit reicht aus, damit man die Dinge begreifen kann. Öffnen Sie die Tür, werfen Sie einen Blick hinein, und gehen Sie weiter. (Zur posttraumatischen Belastungsstörung gehören unverarbeitete Erinnerungen. Achtsamkeit kann auch da noch helfen, aber wenn Sie an solch einer Störung leiden, sollten Sie zusätzlich einen Therapeuten aufsuchen.)

Erkennen Sie, auf welche Weise Sie Ihren Stress jetzt nähren. Stress gleicht einem Feuer – wenn Sie ihm keine Nahrung mehr geben, erlischt er bald. Denken Sie an die Lagerfeuer, an denen Sie sich erfreut haben. Sie haben es ständig versorgt, es mit Ästen und Holzscheiten gefüttert, damit es weiterbrannte. Die kleinen Zweige reichten nur für eine kurze Zeit. Größere Äste und Scheite unterhielten es länger. Worin bestehen die Äste und Scheite, die Ihr Stressfeuer am Brennen halten? Die folgenden fünf Fragen können Ihnen dabei helfen, sie zu identifizieren:

1. Welche geistigen und physischen Gewohnheiten halten Ihren Stress am Leben? Wie ist Ihre Fahrweise? Lassen Sie sich viel Zeit, um zur Arbeit zu kommen? Lassen Sie sich genug Zeit für andere Verpflichtungen, sodass Sie nicht ständig unter Zeitdruck stehen?
2. Welche Bücher, Magazine und Internetinformationen lesen Sie? Welche Filme oder Fernsehprogramme sehen Sie sich an? Beteiligen Sie sich an Gesprächen, die Ihren Stress verstärken? Welche Art von Musik begleitet Sie?
3. Welche Art von automatischen Gedanken ziehen Ihnen normalerweise durch den Kopf? Identifizieren Sie sich mit ihnen, oder hinterfragen Sie sie kritisch, wenn es sich um angstvolle oder belastende Gedanken handelt?
4. Ist Ihre Haltung grundsätzlich optimistisch oder pessimistisch? Wie sehen Sie die Welt und andere Menschen? Wie viel Vertrauen und Zuversicht haben Sie?
5. Betrachten Sie sich als Teil des Lebensnetzwerks oder als getrennt davon?

Wenn Ihre Geschichte die eines Opfers ist, dann bedenken Sie, dass man nur das Opfer seiner eigenen Gedanken sein kann.

War Helen Keller ein Opfer? Sie hatte im Alter von neunzehn Monaten eine Hirnhautentzündung und war anschließend taubblind. Macht einen so etwas zum Opfer?

Nicht in ihrem Fall. Nachdem sie die Braille-Schrift erlernt hatte, machte sie so schnelle Fortschritte, dass sie weltweit Aufmerksamkeit erregte und sogar zu einem Treffen mit Präsident Calvin Coolidge eingeladen wurde. Sie bestand die Aufnahmeprüfungen für das Radcliffe College (das inzwischen zur Harvard University gehört), obwohl für den mathematischen Teil des Examens eine andere Version der Braille-Schrift verwendet wurde, die sie nicht kannte. Sie erfuhr dies zwei Tage vor dem Examen, erlernte die neue Schrift schnell und bestand ihren Test mit Bravour.

War Nelson Mandela ein Opfer? Brachte ihn seine ungerechte siebenundzwanzigjährige Inhaftierung in eine Opferrolle?

Nicht in seinem Fall.

Ihre schweren Schicksale brachen Mandela und Helen Keller ebenso wenig wie Oprah Winfrey, die mit neun vergewaltigt und mit vierzehn schwanger wurde und ihren Sohn noch im Säuglingsalter verlor. Wirkt oder handelt sie wie ein Opfer?

Es wäre stark vereinfachend zu sagen, dass es keine Rolle spielt, was uns widerfährt. Doch die Lebensläufe dieser und vieler anderer Menschen mit ähnlich harten Bedingungen zeigt, dass die Opferrolle eher aus einer Geisteshaltung als aus unglücklichen Umständen resultiert. Es ist die Art, wie wir uns selbst sehen und wie wir uns unsere Geschichte zurechtstricken.

In Abwandlung eines buddhistischen Sprichworts könnte man sagen, dass Leiden unvermeidlich, aber die Opferrolle eine Frage der eigenen Wahl ist. Dazu der Dalai Lama in *The Wisdom of Compassion*: »Nicht die äußeren Umstände ziehen uns ins Leiden. Das Leiden wird durch einen ungebändigten Geist erzeugt und zugelassen.« Das Gleiche gilt für den Stress. Selbstmitleid, Verbitterung und Verdrängung erzeugen nicht nur zusätzlichen Stress, sie verbrauchen auch sehr viel Energie, die man besser dazu nutzen sollte, um in seiner Entwicklung voranzukommen.

Unser Selbstempfinden

Normalerweise verbinden wir unser Selbstempfinden mit unserer Geschichte. Aber wie am Beispiel des Jungschwans und der Opferrolle gezeigt, entspricht unsere Geschichte nicht immer den historischen Tatsachen. Sie basiert eher auf unserer Interpretation von Ereignissen als auf Tatsachen. Sie kann auch selektiv sein. Wir können unseren Kindern beispielsweise die eine Geschichte und unserem Sextherapeuten (wenn wir denn einen haben) eine andere erzählen. Marion Barry, der frühere Bürgermeister von Washington, D.C., erzählte seinen Wählern anfangs nichts von seinem Crack-Konsum, wenn er ihnen seine Geschichte schilderte. Selbst wenn keine Betrugsabsichten bestehen, kann ein auf einer Geschichte gründendes Selbstempfinden ebenso fiktional sein wie diese Geschichte. Sie kann uns auch unter Druck setzen, wenn wir sie glauben.

Ein auf Erfahrungen basierendes Selbstempfinden verbindet das Selbst eher mit dem gegenwärtigen Augenblick als mit der Vergangenheit. Ein flüchtiges Bündel aus

Empfindungen, Vorstellungen, Wahrnehmungen und Befindlichkeiten erzeugt unser Selbstempfinden. Wie Buddha schon sagte: Das Selbstempfinden haftet uns als Ganzem an und nicht nur an unseren Teilen. Es ist wie ein Duft, der zur ganzen Blume gehört und nicht nur zum Stiel oder zu den Blütenblättern.

Das Selbst ist ein Substantiv, das sich jedoch nicht auf ein »Ding« bezieht. Selbstverwirklichung ist der zunehmende Verlust eines abgetrennten und dingartigen Selbstempfindens. Sie ist der Verlust dessen, was wir als Selbst kennen, und der Gewinn eines unbegrenzten Selbst. Dieses atmende, fühlende Ding, das wir sind, ist Teil des Universums. Dieses spezielle Teil des Universums ist abgegrenzt, und unser Name steht darauf. Das Ganze gleicht der Seite eines Berges, die in Landparzellen für Mehrfamilienhäuser mit Eigentumswohnungen aufgeteilt ist. Die Parzelle, auf der unser Name steht, ist nicht vom übrigen Berg abgetrennt, höchstens in der Vorstellung. Die Bienen und Pflanzen betrachten sie überhaupt nicht als etwas Abgetrenntes.

Jeder von uns ist ein Tropfen im Ozean des Lebens. Dieser Tropfen hat keinen Kasten um sich herum. Er ist nicht vom übrigen Ozean getrennt. Wir schwimmen im Ozean und atmen den Himmel, wobei unsere Haut so porös wie ein Sieb ist.

Unsere Vorstellungen – sind es gänzlich unsere? Wenn wir beispielsweise Nationalsozialisten für grausam und rassistisch halten, ist das dann allein unsere Auffassung oder ist das eine kollektive Auffassung der Gesellschaft? Unser Bewusstsein, unser Geist – gehört das nur zu uns?

Die männliche Aggressivität hat sich durch den Kampf der Männer um die Alpha-Stellung in der Herde entwickelt, und unsere Furcht kam, während wir als Kaninchen und Krabben schutzsuchend umherrannten. Buddha erkannte, dass unsere evolutionäre Vergangenheit noch heute in uns lebt. Wie sonst können wir unsere Ängste, unsere Morde und unsere Kriege erklären?

Das Selbst dehnt sich nicht nur räumlich, sondern auch zeitlich aus. Die gute Nachricht ist, dass dieses ausgedehnte, grenzenlose Selbst nicht nur Tiere und Seemonster umschließt, sondern auch Buddha und andere erleuchtete Wesen. Auch sie sind Teil des Stromes, der in jedem Tropfen anwesend ist. Und wir sind jetzt der Strom – wir sind seine Gegenwart. Mit Achtsamkeit können wir die erleuchtete Seite unseres evolutionären Erbes ebenso in Besitz nehmen wie seine dunklere Seite.

ÜBUNG

An der Bushaltestelle

Diese Übung ist eine weitere geführte Meditationsübung. Sie können sie und auch alle anderen geführten Meditationsübungen in diesem Buch auf Ihrem Handy oder Computer aufnehmen und dann während der Übung abspielen. Lesen Sie langsam, und machen Sie zwischen jeder Anweisung eine Pause von rund zwanzig Sekunden. Das ist eine hervorragende Möglichkeit für Sie, sich die Übungen zu eigen zu machen. Außerdem stehen sie Ihnen dann jederzeit zum Üben zur Verfügung, wenn Sie ein wenig freie Zeit haben.

Ich sitze gerade und aufrecht und bin mit all den Empfindungen verbunden, die durch das Atmen und meine Körperhaltung entstehen.

Ich spüre der Art der Empfindungen nach, die von meinen Füßen und Händen kommen.

Meine Hände berühren sich. Ich lausche den Empfindungen in meinen Händen.

Ich spüre den Empfindungen beim Sitzen nach, die von meinem Gesäß kommen.

Ich lausche den Empfindungen selbst.
Mein Körper spricht kein Deutsch.

Er spricht nicht mit Worten, sondern mit Empfindungen.

Ich spüre der Beschaffenheit der Empfindungen nach, die von verschiedenen Teilen meines Körpers kommen.

Wenn mir Worte in den Sinn kommen, weiß ich, dass ich nicht einfach nur zuhöre, sondern auch interpretiere und werte.

Jetzt spüre ich einfach der Beschaffenheit der Empfindungen nach.

Wenn mir Worte einfallen, schicke ich sie fort und lausche weiter.

Auf die gleiche Weise achte ich auf die Empfindungen beim Atmen.

Ich achte auf den Unterschied.

Ich stelle mir bildlich vor, dass ich an der Bushaltestelle stehe.

Jeder Bus, der zur Haltestelle kommt, ist wie ein Gedanke.
Er will mich an einen anderen Ort bringen.

Ich beobachte, wie ein Bus kommt. Die Türen öffnen sich, aber ich steige nicht ein.

Ich sehe, wie unterschiedliche Busse kommen und halten, Busse mit unterschiedlichen Nummern, die auf verschiedene Ziele hinweisen.

Sie öffnen ihre Türen, aber ich steige nicht ein.

Ich atme ein und aus und bleibe anwesend, ich bleibe hier.

Gedanken kommen und gehen wie Busse.

Ich beobachte sie nur.

Wenn ich mich auf einem Bus wiederfinde, weil ich meine Konzentration verloren habe, steige ich aus.

Ich will hier bleiben, nicht irgendwo anders hin, wohin mich die Gedanken bringen.

Ich bleibe bei meinem Atem und lausche all den Empfindungen, die von meinem Körper kommen.

Ich überprüfe mich auf Verspannungen in meinem Körper und in meinem Geist.

Bei dem geringsten Konzentrationsverlust können sich Verspannungen einschleichen.

Gedanken sind der Weg, über den mein Gehirn funktioniert, so wie die Atmung der Weg ist, über den meine Lungen funktionieren.

Ich halte das Zentrum meiner Aufmerksamkeit auf meinen Bauch gerichtet, wo die Atmung stattfindet.

12.

Beziehungen

Ich bin angekommen,
ich bin jetzt hier seit Jahrtausenden zu Hause,
gehe Hand in Hand mit dir auf dem Rasen,
rieche die süße Luft,
höre den Gesang kleiner Vögel
und finde Frieden in meinem Herzen.
Joseph Emet

In seinem Buch *Die Vermessung der Liebe. Vertrauen und Betrug in Paarbeziehungen* schätzt John Gottman, dass enge Beziehungen unser Leben um rund zehn Jahre verlängern. Die Statistiken stimmen darin überein, dass Menschen in Beziehungen gesünder leben und weniger Gesundheitsprobleme haben. Es gibt aber noch weitere Vorteile. Wenn wir es richtig machen und unserem Partner mit Liebe und Einfühlungsvermögen begegnen, bekommen wir Zugang zu seiner Realität und erhalten die Chance, die Welt mit einem anderen Augenpaar zu sehen. Dadurch bereichern wir unsere Sichtweise und erweitern unsere Welt.

Unterschiedliche Realitäten

Die Realität eines Mannes kann sich von der einer Frau unterscheiden – daran besteht kein Zweifel. Es gibt mehr als nur eine Realität. Und sie endet nicht mit Mars und Venus – ältere Mitbürger kommen vom Jupiter, Teenager vom Merkur, Jungen aus Neverland und Mädchen aus dem Wunderland. Unsere Realitäten hängen nicht nur von unserem Alter und unserem Geschlecht ab, sondern auch von unserer Kultur, unserer Erziehung und unserer genetischen Veranlagung. Wenn man die Realität sowie die Gefühle und Vorstellungen von jemandem ablehnt, ist das für denjenigen belastend.

Wir bekommen ein Gefühl der Bereicherung, wenn wir unsere Realitäten gegenseitig verstehen und akzeptieren. Wenn die Welt lediglich aus sieben Milliarden Joseph Emets bestehen würde, dann wäre sie ein äußerst langweiliger Ort, das kann ich Ihnen versichern. Wenn wir in diesem Geiste mit unserem Partner in einen Dialog eintreten, wird das zu einer Lernerfahrung und bringt uns einander näher. Dies intellektuell zu verstehen, ist jedoch etwas anderes, als es dann auch konkret umzusetzen.

Eine Mutter kann Peter Pan wertschätzen, wenn sie das Buch liest, aber sie kann noch immer gestresst reagieren, wenn sie im realen Leben einem Peter Pan persönlich begegnet – etwa wenn sich ihr Sohn benimmt, als befinde er sich in Neverland.

Wie sehen Sie Ihren Partner?

Eines Tages vollzog sich eine Veränderung meiner Perspektive, als wäre ich plötzlich von meiner Seite des Geschlechterzauns zu der meiner Partnerin hinübergegangen, und ich sah Suzanne in einem neuen Licht.

Ich hatte dieses Gefühl schon einmal gehabt, als wir in unser Haus einzogen und ich über einen realen Zaun stieg, um in den Garten meines neuen Nachbarn hinüberzugehen. Bis dahin hatte ich von meiner Seite des Zauns zu ihm hinübergesehen und mit ihm gesprochen. Als ich über den Zaun stieg, der unsere Gärten voneinander trennt, und mitten in seinem Garten stand, bemerkte ich, dass ich anders guckte. Nicht nur das, auch mein eigener Garten wirkte anders.

Indem ich meine Partnerin von ihrer Seite des Zaunes sah, konnte ich auch einen kurzen Blick auf ihre Geschichte werfen. Sie hatte als kleines Mädchen im Wunderland gelebt, und ich konnte noch immer Spuren einer bestimmten aliceartigen Schwingung spüren, wenn ich sie jetzt ansah. Ich hingegen war in Neverland aufgewachsen, einem anderen Ort.

Wie sehen Sie Ihren Partner – nur aus der Perspektive Ihrer eigenen Bedürfnisse, Wünsche und Zielsetzungen, oder haben Sie den Eindruck, dass Sie die Realität Ihres Partners durchdringen und in seinen Schuhen gehen? Wie würde es sich anfühlen, wenn Sie Ihr Partner wären? Dieses Gedankenexperiment schenkt uns eine neue Bereitwilligkeit, die Art des Partners anzuerkennen und zu respektieren. Wie sieht Ihr Partner Sie? Was erwartet er oder sie von Ihrer gemeinsamen Beziehung?

Liebe und Beziehung

Liebe ist ein Gefühl. Eine Beziehung ist eine Geschichte – die Geschichte darüber, was wir mit diesem Gefühl tun; umgesetzte Liebe.

Die klassische Dichtung oder religiöse Texte sagen nicht viel zu Beziehungen. Sie sprechen von Liebe. »Liebe deinen Nächsten« klingt erheblich besser als »unterhalte eine Beziehung zu deinem Nächsten«.

»Beziehung« ist ein relativ neues Wort. Unsere Eltern und Großeltern hatten keine Beziehungen. Sie hatten Affären oder waren verheiratet. Manche dieser Affären und Ehen waren zugleich gute Beziehungen, andere nicht.

Eine Beziehung ist eine Münze mit zwei Seiten

Sie können ganz allein jemanden lieben, ohne dass das Objekt Ihrer Liebe das auch nur weiß. Aber Sie können nicht allein eine Beziehung zu jemandem haben. Liebe kann eine einseitige Münze sein, eine Beziehung ist eher wie ein Paartanz, für den man zwei braucht. Eine Aufforderung zum Tanz ist noch kein Tanz. Der Tanz einer Beziehung bedeutet, dass man gemeinsam in Harmonie die Hindernisse und Mühen des Alltags meistert und dabei im Takt der Liebe bleibt. Kommunikation ist Teil des Wesens einer Beziehung, aber ebenso wie bei einem Tanz muss sie nicht verbal erfolgen.

Eine Beziehung ist eine Art Symbiose, die für beide Partner nützlich ist. Daher sind Liebe, Respekt und Wertschätzung der gegenseitigen Verschiedenheiten auch Teile ihres

Wesens. *Romeo und Julia* mag ja eine schöne Liebesgeschichte sein, aber es ist keine gute Beziehungsgeschichte. Die beiden haben nicht lange genug gelebt, um den Tanz des Alltags gemeinsam zu meistern. Und auch wenn sie Dinge gesagt haben wie »So grenzenlos ist meine Huld, die Liebe, so tief ja wie das Meer. Je mehr ich gebe, je mehr auch hab ich: Beides ist unendlich« – sie sind einander nicht förderlich, sondern sie zerstören einander schließlich.

Othello, ein weiteres Stück von Shakespeare, ist eine noch schlechtere Beziehungsgeschichte. Othello hat Desdemona, seiner geliebten Frau, nicht getraut. Vertrauen ist nach John Gottman die wichtigste Voraussetzung für eine gute Beziehung. Othello war seiner Frau gegenüber misstrauisch, aber er sagte ihr nichts von seinen Gefühlen. Schließlich erwürgte er Desdemona aus Eifersucht.

Das Gefühl der Liebe ist ein großartiger Anfang für eine Beziehung. Es ist wesentlich, aber es reicht allein noch nicht aus. Andere Gefühle und Fähigkeiten sind ebenfalls wichtig. Ohne sie haben Sie eine aufreibende oder sogar eine zerstörerische Beziehung.

Eine Beziehung ist mehr als Liebe

Die heutigen Dichter schreiben nicht mehr so oft über die Liebe wie zu Shakespeares Zeiten, und gebildete Verehrer komponieren nicht mehr an Ort und Stelle Liebessonette. Wir haben gelernt, der Liebe gegenüber ein wenig skeptisch zu sein. Liebe kann manchmal nur geistig oder nur emotional sein. Sie kann auf einer Illusion oder einer Schwärmerei gründen. Zu einer Beziehung hingegen gehört mehr. Bei einer Beziehung ist die Qualität des Alltagslebens das Gedicht.

Vielleicht hat unser Perspektivenwandel etwas mit der Frauenbewegung zu tun. Heute sind beide Partner gleichberechtigte, aktiv Handelnde. Die Beidseitigkeit einer Beziehung stimmt mehr mit dem Geist unserer Zeit überein als die Einseitigkeit der Liebe. Frauen lieben so leidenschaftlich wie Männer, aber sie legen auch ein großes Gewicht auf das Alltagsleben. Sie wollen wissen, was die Liebe für den Liebenden praktisch heißt und wie sich das Gefühl bei einem Paar in Verhalten umsetzt.

Diese Betonung, die auf die Beziehung gelegt wird, ist, wie gesagt, neu. Die alten Griechen hatten einen Gott und eine Göttin der Liebe, aber keinen der Beziehungen. Bei Facebook jedoch interessiert man sich heute nur für Ihren Beziehungsstatus, nicht für Ihren Liebesstatus.

Noch bis vor Kurzem waren die Beziehungen zwischen den Geschlechtern von der Natur und ihrem Ziel der Fortpflanzung bestimmt. Aber wir wissen inzwischen, wie wir uns ihren Tricks entziehen und Beziehungen haben können, die unseren persönlichen Zielen dienen und der Beziehung selbst nützen. Eine gute Beziehung kann sowohl eine Wachstumserfahrung als auch eine Zuflucht vor den Belastungen des Lebens bieten.

Hören Sie zu?

John Gottman hat über dreitausend Paare in sein »Liebeslabor« gebracht, ein Apartment nahe der University of Washington, in dem er akribisch ihre Interaktionen beobachtet hat. Dabei hat er herausgefunden, dass Paare nur in rund 30 Prozent der Zeit mit voller Aufmerksamkeit darauf achten, was der jeweils andere sagt. Angesichts dieses Ergebnisses schätzt er, dass die Wahrscheinlichkeit, dass beide Partner einander zur selben Zeit aufmerksam zuhören, bei nur neun Prozent liegt. Kein Wunder, dass auf dieser Welt so häufig aneinander vorbei geredet wird!

Die Fähigkeit, aufmerksam zu sein und zuzuhören, ist eine grundlegende Beziehungskompetenz und zugleich ein Eckpfeiler des buddhistischen Weges. Das verleiht der buddhistischen Praxis in unserer Zeit eine besondere Bedeutung.

Eine Gottheit des Zuhörens?

Der Buddhismus mag insofern einzigartig unter den Weltreligionen sein, als er das Leben dem Zuhören widmet. Auch wenn sie keine Göttin im traditionellen Sinne ist, so ist der Bodhisattva Guanyin eine archetypische Existenz, die allein durch Zuhören Trost spendet. Manchmal in chinesischen Geschenkeläden als »der weibliche Buddha« bezeichnet, spielt sie im Leben vieler Buddhisten eine wichtige Rolle. Häufig knien in einem Mahayana-Tempel mehr Menschen vor ihrer Statue als vor der Buddhas.

Vielleicht ist für viele von uns das Bedürfnis, ihr Herz zu öffnen und dabei ein offenes, mitfühlendes Ohr zu finden, noch wichtiger als der Durst nach Weisheit. Partner innerhalb einer Beziehung können diese tiefe Sehnsucht befriedigen, indem sie einander rückhaltlos und aktiv zuhören.

Thich Nhat Hanh betont die Verbindung zwischen dem Bekenntnis zum Buddhismus und dem Praktizieren aufmerksamen Zuhörens, indem er es als eines der buddhistischen Gelübde bezeichnet: »Ich bin mir des Leidens bewusst, das durch gedankenloses Reden und die Unfähigkeit entsteht, anderen zuzuhören. Darum schwöre ich, mich um liebevolles Reden und aufmerksames Zuhören zu bemühen.«

Wenn wir in Bodhisattva Guanyins Bewusstsein schauen könnten, würden wir möglicherweise Gedanken finden wie: »Nur ein Tropfen, ein einziger Tropfen an Mitgefühl reicht aus, um den Frühling auf die Erde zurückzubringen.«

Wie Buddha lebt auch Guanyin nicht in einer Statue, sondern in uns, in unseren Herzen. Wenn wir unserem Partner mit rückhaltloser Bereitwilligkeit zuhören, kann dies jener eine kleine Tropfen des Mitgefühls sein, der die Frische des Frühlings in unsere Beziehung zurückbringt.

Der Zauber, gehört zu werden

Wenn Sie im zwischenmenschlichen Bereich ein Gefühl oder ein Bedürfnis zum Ausdruck bringen, ermöglicht Ihnen dies, dieses Gefühl oder Bedürfnis offen einzugestehen, und anschließend sehen Sie die Dinge anders. Dies ist eine Rückmeldung, die Sie von sich selbst erhalten, während Sie sich sprechen hören. Ein Gefühl auszudrücken, klärt es für Sie. Der Zuhörer fungiert dabei als Geburtshelfer.

Ein guter Zuhörer sein

In gewisser Weise ist Zuhören wie eine Meditation. Es räumt Dingen Raum ein, an die Oberfläche zu kommen und dort für sich da zu sein, nur dass jetzt ein anderes Bewusstsein die Sprecherlaubnis hat. Die gleichen Eigenschaften, die Sie zu einem guten Vermittler machen – beispielsweise nicht zu bewerten und offen zu sein –, machen Sie auch zu einem guten Zuhörer. Vielleicht ist Zuhören wegen dieser Ähnlichkeit ein integraler Bestandteil der buddhistischen Praxis. Das wiederum macht den Buddhismus für Berater und alle, die ihre Beziehungen verbessern wollen, interessant.

Es gibt während des Zuhörens bestimmte Anfechtungen. Den Sprecher zu unterbrechen, ist eine von ihnen. Dies passiert etwa, wenn das, was Sie hören, eine brillante Idee in Ihrem eigenen Kopf auslöst, die Lärm schlägt, um gehört zu werden. Richten Sie Ihre Aufmerksamkeit wieder auf den Sprecher, wenn das geschieht. Jetzt geht es um ihn, nicht um Sie.

Wenn Sie irgendwann das Gefühl haben, dass einige Dinge noch für Sie oder für den Sprecher geklärt werden müssen, können Sie zum aktiven Zuhörer werden, indem Sie sachdienliche Fragen stellen.

Kommunikationsgewohnheiten

Wenn Sie mit Geschwistern aufgewachsen sind, haben Sie möglicherweise gelernt, einem Wortwechsel standzuhalten. Häufig geht es bei verbalen Auseinandersetzungen zwischen

Geschwistern nicht darum, Streitigkeiten beizulegen, sondern darum, irgendwie die Oberhand zu gewinnen. Bei dieser Art des halb spielerischen verbalen Kampftrainings ist Sarkasmus sehr beliebt – man verteidigt sich, wenn man angegriffen wird, und greift selbst an, um zu gewinnen. Das kommt einem auch im Dschungel des Schulhofs zustatten, und die Gewohnheit zu sprechen, um Pluspunkte zu gewinnen und zu verhindern, dass man welche verliert, verankert sich in dem eigenen Kommunikationsverhalten.

Hüten Sie sich vor diesem Muster, wenn Sie oder Ihr Partner etwa gleichaltrige Geschwister haben. Es kann ein sehr frustrierendes Manöver sein, wenn ein Partner versucht, ein Bedürfnis auszudrücken oder verstanden zu werden, während der andere versucht, Punkte zu gewinnen oder keine zu verlieren.

Durch Spiele entwickeln wir weitere Gewohnheiten, die in einer Kommunikation nicht nützlich sind. Beim Scrabble verbirgt man seine Buchstaben, beim Kartenspiel seine Karten. Man spielt eine Karte aus, um Punkte zu gewinnen oder einen Vorteil zu erzielen. Das ist eine schlechte Strategie, wenn man sich gegenseitig das Herz ausschütten will. Wenn Sie es sich zur Gewohnheit werden lassen, Ihre eigentlichen Motive oder Ihre wahren Gefühle zu verbergen, wird eine wirkliche Kommunikation unmöglich und das Gespräch zu einem weiteren Spiel.

Physische Spiele hinterlassen ein ähnliches Erbe. Sie spielen, um zu gewinnen. Ich habe einmal Pingpong mit einem Mönch in Plum Village gespielt. Er hat nicht versucht, in der üblichen Weise meine Schwachpunkte zu finden und Punkte einzuheimsen. Zunächst dachte ich, er wäre ein Anfänger. Aber schon bald änderte ich meine Meinung. Ich bemerkte, dass er all meine raffinierten Bälle parierte, aber den Ball immer in angenehmem Tempo und in der gleichen Höhe auf die Mitte meiner Platte zurückspielte. Er setzte seine Fähigkeiten nicht ein, um mich herauszufordern.

Es war eine seltsame Erfahrung, die mir den Wind aus den Segeln nahm. Der Mönch hatte die Regeln umgekehrt, indem er ein vom Wettkampf lebendes Spiel kooperativ spielte. Kooperation war zu seiner zweiten Natur geworden oder vielmehr zu seiner ersten. Vermutlich spielte er Pingpong genauso wie er kommunizierte – teilnahmsvoll und auf hilfreiche Weise –, während einige von uns so kommunizieren, wie wir Pingpong spielen – aggressiv und mit dem Ziel zu gewinnen. Wir hören zu und reden wie Rechtsanwälte vor Gericht.

Achtsames Zuhören

In einer Ansprache vor Mitgliedern des amerikanischen Kongresses verwendete Thich Nhat Hanh folgende Metapher, um zu beschreiben, wie die heilsame Energie der Achtsamkeit funktioniert: »Wenn ein Baby schreit, lässt die Mutter alles stehen, was sie gerade tut, und nimmt das Baby zärtlich in die Arme. Die Energie der Mutter strömt in das Baby, und das Baby fühlt sich erleichtert. Das Gleiche geschieht, wenn wir unseren eigenen Schmerz und Kummer erkennen und annehmen.«

Gleiches gilt für ein Paar: Die durch Achtsamkeit im Zuhörer erzeugte Energie dringt ins Herz des Sprechers und baut seinen Stress ab. Dies geschieht, weil Achtsamkeit eine anteilnehmende Art von Energie ist, die der mütterlichen Zuwendung gleicht. Auch eine Übertragung der Stimmung findet statt. Vielleicht bemerken wir die Wirkung unserer Achtsamkeit auf andere nicht, aber sie überträgt sich wie andere Geisteszustände auch.

Versuchen Sie sich einfach einmal vorzustellen, Sie hätten eine hitzige Auseinandersetzung mit Buddha, und Sie werden verstehen, was ich meine. Es wäre schwierig, sich in der Gegenwart von jemandem, der mit ruhiger und anteilnehmender Aufmerksamkeit zuhört, aufzuregen.

Wenn wir unserem Partner zuhören, können wir nicht nur auf die Worte achten, die wir hören, sondern auch auf die Art, wie sie ausgesprochen werden – also nicht nur auf die direkte Bedeutung der Worte, sondern auch auf die Sehnsucht hinter den Worten. Solch eine entschlossene Bereitschaft, unter die Oberfläche vorzudringen, erfordert eine ungeteilte Aufmerksamkeit. Menschen kommunizieren auf vielen Ebenen gleichzeitig, über Körpersprache und Gefühle ebenso wie über Worte. Um die Botschaften, die uns unser Partner vermitteln möchte, auf all diesen Ebenen wahrnehmen zu können, müssen wir auf entsprechend vielen Ebenen zuhören – mit dem Herzen ebenso wie mit dem Kopf und mit dem gesamten Geist statt nur mit einem Teil davon.

»Zuhören fügt die Welt zusammen«, schreibt Mark Nepo in seinem Buch *Seven Thousand Ways to Listen*. Es fügt auch unseren Körper zusammen, weil unsere Zellen und Organe über ihre chemischen und elektrischen Botschaften miteinander verbunden sind, und es fügt ein Paar zusammen, weil beide auf die offen zutage liegenden und die verdeckten Botschaften achten, die vom jeweils anderen ausgesendet werden.

Eine Zuflucht vor dem Stress

Frauen und Männer sind grundlegend anders und grundlegend ähnlich. Manche unserer Unterschiede sind offensichtlich, andere sind unsichtbar. Jede Zelle im Körper einer Frau unterscheidet sich von jeder Zelle im Körper eines Mannes: Sie hat ein zusätzliches X-Chromosom statt eines Y-Chromosoms. Unsere Gehirne weisen feine Unterschiede in ihrer Form und Funktion auf, und wir haben unterschiedliche Hormone. Wir sind unterschiedlicher und zugleich ähnlicher, als wir häufig bemerken.

Unsere Naturen sind gleichzeitig komplementär, ähnlich und gegensätzlich. Wir brauchen einander, aber wir haben auch entgegengesetzte Bedürfnisse. Wir können miteinander glücklich oder unglücklich sein – ideale Bedingungen sowohl für den Stress als auch für das Glück. Was von beidem wird eintreten?

Der Weg der Achtsamkeit

»Wenn ein anderer Mensch Sie leiden lässt, dann tut er es, weil er selbst innerlich tief leidet und sein Leid überläuft. Er braucht keine Bestrafung, er braucht Hilfe.« Wir können an diese Worte von Thich Nhat Hanh denken, wenn der Stress unseres Partners in Form von Ärger, Beschuldigungen, Nörgelei oder Klagen überläuft, und freundlich erwidern: »Bedrückt dich etwas? Kann ich helfen?«

Wir können wie der Pingpong spielende Mönch reagieren, der meine aggressiven Schläge mit Sanftheit parierte. Dies erfordert von uns, dass wir unsere eigenen automatischen Reaktionen bezähmen. Wenn wir wütend reagieren, erzeugen wir noch mehr Stress und beginnen eine weitere aggressive Runde Pingpong.

Unsere Achtsamkeit hat eine positive Wirkung auf das Wohlergehen der anderen Menschen in unserem Leben. Achtsamkeitsübungen schulen uns darin, uns unseres Atmens und unserer körperlichen Reaktionen bewusst zu werden und sie zu beobachten. Mit diesem Bewusstsein sind wir in der Lage zu vermeiden, emotional zu reagieren. Wir können dann bedacht reagieren – auf eine Weise, welche die Bedürfnisse anderer berücksichtigt. Dadurch vermeiden wir es, ringsherum noch mehr Stress zu erzeugen.

Glück

Gute Beziehungen machen uns glücklich, und Glück ermöglicht gute Beziehungen. Wenn es eine Möglichkeit gibt, das Rätsel darum, was zuerst da ist, zu lösen und sowohl unser Glück als auch unsere Beziehungen gleichzeitig voranzubringen, dann besteht diese Lösung in einer positiven Einstellung – in der Gewohnheit, die stärkende Kraft der Suppe zu sehen und wertzuschätzen, statt sich auf das Haar darin zu fixieren, und der Bereitschaft, unsere Wertschätzung anderen gegenüber auch zum Ausdruck zu bringen. Unsere Worte müssen dabei allerdings unseren

Gefühlen entsprechen, anderenfalls wären unsere Worte lediglich leere und hohl klingende Komplimente.

Psychologen raten, jede kritische Bemerkung, die man jemandem gegenüber macht, der einem wichtig ist, durch fünf positive Kommentare aufzuwiegen. Um auf der sicheren Seite zu sein, können Sie so großzügig wie möglich mit positiven Äußerungen sein. Seien Sie sich bewusst, dass zu viele kritische Bemerkungen eine Beziehung zerstören können, vor allem wenn sie zur Gewohnheit werden. Vor allem sollten Sie nicht den Steuerprüfer nachahmen, den Shawn Achor in seinem Buch *The Happiness Advantage* beschreibt: Er stellt eine Tabelle auf, in der er alle Fehler auflistet, die seine Frau während eines Zeitraums von sechs Wochen gemacht hat, und legt sie ihr vor. Vielleicht denkt er, dass dies ihre Beziehung verbessern würde. Sicher können Sie sich vorstellen, dass dem nicht so ist – sie lässt sich kurz darauf von ihm scheiden.

Unsere berufliche Ausbildung mag unsere Neigung verstärken, eher das Negative als das Positive zu sehen. Achor vermutet, dass beispielsweise Berater diese Ausrichtung täglich weiterentwickeln, weil ein großer Teil ihrer Arbeit daraus besteht, Fehler zu finden und Irrtümer aufzuspüren. Aber man muss kein Berater sein, um eine kritische Haltung zu haben. Wir alle nehmen sie bis zu einem gewissen Grad ein. Wenn wir sie in geeigneter Weise einsetzen, kann sie sich als nützlich erweisen. Ich verwende sie beispielsweise, um Fehler und Ungenauigkeiten in diesem Manuskript zu finden, während ich es noch einmal kritisch überprüfe. Problematisch wird es, wenn das Einnehmen einer kritischen Haltung zum unkontrollierten

Mechanismus und zu unserer Grundeinstellung gegenüber Menschen und Situationen wird. Dann hat sie eine vergiftende Wirkung, und zwar nicht nur für unsere Beziehungen.

Ich erinnere mich an eine Begegnung in San Pedro am Ufer des Lago de Atitlán im Hochland von Guatemala. Dieses von Ureinwohnern bewohnte Städtchen wurde an bezaubernden grasbewachsenen Fußpfaden statt an Straßen gebaut, und am Vortag hatte ich entdeckt, dass es dort eine Schmetterlingsart gibt, die auf dem See landet und sich auf dem Wasser treiben lässt. Ich habe einen träumerischen Nachmittag in einem Kajak verbracht, umgeben von umhertreibenden Schmetterlingen und vor mir die Rauchwolken, die ein aktiver Vulkan ausstieß. Anschließend habe ich mit einem Paar aus New York zu Abend gegessen, deren Gespräch sich vorwiegend um die Mängel ihres Badezimmers und die schlechte Qualität ihres Toilettenpapiers drehte. Es erfordert Achtsamkeit, die Stimme des inneren Kritikers zu hören, ohne mit ihm zu verschmelzen und zu ihm zu werden. Und man muss sich darin üben, die kostbare Fähigkeit der Wertschätzung und Würdigung zu fördern.

Wenn Sie Kinder haben, können Sie dies als Familie am Esstisch tun, indem jeder drei gute Dinge erwähnt, die er im Laufe des Tages erlebt hat. Dies hat den zusätzlichen Nutzen, dass die Gespräche so in eine positive Richtung gelenkt werden. Sie können aber auch beim Zubettgehen als eine Art von Abendgebet darüber nachdenken, oder Sie können in Ihrem Tagebuch etwas darüber schreiben. Sie können Ihren Blick auch eingrenzen und drei Dinge aufschreiben, die Sie an Ihrem Partner am meisten schätzen. Oder Sie können es auf andere Weise tun und aufschreiben, was Ihnen am meisten fehlen würde, wenn Ihr Partner nicht da wäre. Oder Sie schreiben auf, was Ihnen ganz konkret *heute* ohne Ihren Partner gefehlt hätte.

Jeder Tag hat seine eigenen Freuden und Segnungen. Weil Ihre Haltung wertschätzender wird, werden Ihre wertschätzenden Worte und Taten aufrichtiger, und sie werden entsprechend mehr geschätzt.

ÜBUNG

Herbstblätter

Diese Übung ist ebenfalls eine geführte Meditationsübung. Setzen Sie sich gerade in Ihrer Meditationshaltung hin. Vermeiden Sie es, krumm oder mit hängenden Schultern dazusitzen oder sich hinzulegen. Eine gute Haltung ist Teil Ihrer Körpersprache, mit der Sie zu sich und anderen ohne Worte sprechen. Ich schlage Ihnen vor, beim Lesen des folgenden Textes zwischen den einzelnen Anweisungen einmal langsam einzuatmen. Das kann sich als äußerst notwendige Geduldsübung erweisen, durch die Sie im gegenwärtigen Augenblick verankert werden.

Ich hole dreimal tief und langsam Atem und konzentriere mich auf meine physischen Empfindungen beim Atmen.

Ich merke langsam, dass in meinem Geist Gedanken sind, die dort verweilen.

Die Gedanken in meinem Geist sind oberflächliche Gedanken, die vom Wind hochgewehten Herbstblättern gleichen.

Sie wirbeln herum.

Es sind Überbleibsel aus einer vergangenen Zeit, einer Zeit, die jetzt vorbei ist.

Wie Herbstblätter, die vom Frühling und Sommer übrig geblieben sind.

Diese Blätter waren in ihrer Zeit richtig, im Frühling und im Sommer, aber jetzt sind es Überreste.

Sie hängen nicht mehr an Bäumen.

Meine Gedanken über die Vergangenheit sind auch Überreste.

Sie sind nicht mehr mit der Realität verbunden.

Sie wirbeln nur weiter auf der Oberfläche meines Bewusstseins herum.

Ich verlagere meine Aufmerksamkeit, weg von den herumwehenden Blättern.

Ich richte meine Aufmerksamkeit nun auf meine Atmung.

Ich konzentriere mich fünf Runden lang auf meinen Atem.

Jede Runde besteht aus einem Einatmen, einer kurzen Pause, einem Ausatmen und einer längeren Pause.

Jetzt fordere ich mich selbst heraus: Wie viele Atemrunden kann ich ganz durchstehen, ohne mich in Gedanken zu verlieren?

Ich zähle jede Runde, indem ich einen Finger krümme.

Ich wiederhole die Herausforderung, um zu sehen, ob ich noch länger bei meiner Atmung bleiben kann.

Ich gehe tiefer, reite auf meinem Atem.

Ich lasse die wirbelnden Blätter hinter mir und lausche auf den ruhigen Raum in mir.

Während mein Atem tiefer und langsamer wird, gehe ich tiefer in mich hinein und lausche.

Es ist, als würde ich tief in die Erde gehen.

Ich atme und lausche nur.

Dort drinnen ist ein ruhiger Raum, unter dem Lärm der wirbelnden Blätter.

Ich lausche auf meinen Körper. Ist dort irgendwo eine Anspannung?

In meinen Gesichtsmuskeln, Schultern, Beinen, meinem Bauch oder irgendwo sonst?

Ich lausche auf meinen Atem. Ist er tief und langsam oder kurz und flach?

Ist er rhythmisch und regelmäßig?

Ich achte auf meine Gefühle. Was fühle ich jetzt?

Wie ist mein innerliches Wetter beschaffen? Ist es sonnig oder wolkig, nebelig oder klar? Ist es warm oder kalt?

Wenn ich bemerke, dass sich die Herbstblätter wieder rühren, lausche ich tiefer, um festzustellen, welcher Wind diese Blätter herumwirbelt.

Im Wind wirken sie lebendig.

Es ist der Wind, der sie lebendig wirken lässt.

Ich wende meinen Blick von den Blättern ab und richte ihn auf den blauen Himmel über mir.

Der Himmel ist tief und weit.

Ich lausche auf meinen Atem und fühle einen tiefen Frieden in mir.

13.

Unsere Illusionen und unsere Bürden

Jeder Augenblick birgt die Chance,
Frieden mit der Welt zu schließen.
Thich Nhat Hanh

Atlas ist in der griechischen Mythologie ein Gott, der die Welt auf den Schultern trägt. Er wird oft als kraftvoller Mann im besten Alter dargestellt, der seiner Aufgabe gewachsen ist. Aber manchmal wird er auch als älterer Mann gezeigt, der sich unter dem Gewicht, das er trägt, krümmt.

Als ich auf dem College zum ersten Mal die Welt der griechischen Mythologie kennenlernte, habe ich diese mythischen Gottheiten nicht mit meiner inneren Welt verbunden, zumindest nicht bewusst. Erst später begann ich zu vermuten, dass Apoll, Eros, Narziss und – ja – Atlas bestimmte Aspekte meiner selbst repräsentieren. Wir tragen unsere Welt auf unseren Schultern, weil es eine von uns selbst geschaffene Welt ist. Diese Welt ist so schwer oder so leicht, wie wir glauben.

Die Bürden unserer Illusionen

Ein Leben mit Illusionen kann belastend sein – eine Bürde. Den eigenen Illusionen nachzutrauern, kann ebenfalls belastend sein, zumindest eine Zeit lang.

Als mich Maggie aufsuchte, brach sie schon bald in Tränen aus. Manchmal reißt allein das Reden über eine Enttäuschung eine Wunde neu auf und lässt sie wieder bluten. Sie war zu Hause nicht glücklich. Ihrem Mann war es unmöglich, irgendwelche Gefühle zum Ausdruck zu bringen, aber er hatte keinerlei Probleme damit, ständig all seine berufsbedingten Frustrationen auf ihr abzuladen. Er hatte auch Schwierigkeiten, zu ihrem heranwachsenden Sohn eine Beziehung aufzubauen und stritt sich ständig mit ihm. Soweit sie es beurteilen konnte, war ihr Sohn ein normaler Teenager, der »er selbst« war. Aber ihr Mann konnte mit dem »normalen« Verhalten seines Sohnes nicht umgehen und verlor ständig die Beherrschung, wenn er mit ihm sprach.

Während unseres zweiten Treffens kam es ebenfalls zu einer kurzen tränenreichen Phase, aber dieses Mal überwand Maggie ihren Kummer schneller. Während der folgenden Treffen entwickelte sie einen »Plan B«. Sie stellte fest, dass ihr Leben zu Hause zu einer kräftezehrenden Erfahrung geworden war, die ihr nichts gab. Sie traf »für den Notfall« detaillierte Vorbereitungen auszuziehen und mit einer Freundin zusammenzuziehen, aber sie ging diesen Schritt nicht.

Während des dritten Treffens weinte Maggie nicht mehr. In der Folgezeit besserte sich ihre Stimmung. Ab dem sechsten Treffen lachten wir oft miteinander. Sie lebte noch immer mit demselben Mann zusammen, der noch immer dieselben Angewohnheiten hatte, aber irgendwie hatte sie in sich Frieden gefunden statt Frustration und Wut. Als ich sie fragte, was sie verändert hatte, verwendete sie die Metapher Auto fahren: »Ich bin jetzt wie ein kleines Auto. Mich stören die anderen Autos und die Lastwagen auf der Straße nicht. Ich unternehme meine eigene Fahrt. Was auch immer sie tun, es berührt mich nicht.« Mehrere Male beschrieb sie mit ihren Händen in der Luft die schlängelige Fahrt eines Autos und lächelte zufrieden.

Maggie hatte die von ihr gehegten Illusionen über ihren Mann betrauert, und ihr Kummer über den Verlust ihrer Illusionen hatte sich schließlich Bahn gebrochen. Es war deutlich zu sehen, dass sie diesen Verlust durchlebte wie jeden anderen Verlust – zunächst weinte sie, dann wurde sie ruhig, und schließlich fand sie zu ihrer alten Lebensfreude zurück. Sie hatte gelernt, ihre eigenen Gefühle und ihr Selbstmitleid zu relativieren und sie mit einem gewissen Abstand zu beobachten. Und sie hatte gelernt, sich auf die positiven statt auf die negativen Eigenschaften ihres Mannes zu konzentrieren. Wie sich herausstellte, hatte er viele gute Seiten, die sie schätzte. Er war ein kreativer Unternehmer und hatte einen guten Sinn für Humor, was sich auch an den Cartoons zeigte, die er zum lokalen Wochenblatt beisteuerte.

Maggie hörte auf, ihre Welt durch ihre Träume zu sehen. Sie lernte schrittweise, ihre Erwartungen von einem idealen Leben mit einem idealen Partner aufzugeben und die Dinge so zu akzeptieren, wie sie waren. Wenn wir ein sehr ausgeprägtes Idealbild in uns tragen, vergleichen wir die Realität mit diesem Ideal und empfinden die tatsächlichen Menschen als mangelhaft. Entsprechen die realen Menschen nicht unseren Idealbildern, hoffen wir möglicherweise ständig, dass sie sich eines Tages ändern werden. Wenn wir dann zu begreifen beginnen, dass dies nicht geschehen wird – und das wird es wahrscheinlich nicht –, kommt es zur Krise.

Seltsamerweise neigen wir außerdem dazu, Menschen, die nicht an unser Ideal heranreichen, als charakterschwach und moralisch irgendwie minderwertig zu betrachten. Ohne es zu bemerken, schwingen wir uns zum Richter in moralischen Angelegenheiten auf. Noch schlimmer ist, dass wir ihre Marotten und Eigenarten zuweilen persönlich nehmen – als würden sie vorsätzlich eingesetzt werden, um uns zu ärgern.

Wenn das geschieht, stehen wir vor einer schwierigen Entscheidung: entweder das Ideal oder das »unvollkommene« Leben und die »unvollkommenen« Menschen aufzugeben, mit denen wir es teilen. Manchmal, wenn Gewalt mit im Spiel ist, ist die Entscheidung klar. In anderen Fällen wie bei Maggie kann der Ausgang offen sein. Sie hatte den Boden für eine Trennung vorbereitet, aber sie vollzog den entscheidenden Schritt dann doch nicht.

Meist ist ein gewisses Maß an Akzeptanz vonnöten. Unsere rigiden Ideale bewirken nur, dass wir unter Druck geraten. Unsere Vorstellung von einem idealen Leben mit idealen Menschen kann eine Bürde sein, und von ihnen abzulassen, kann uns befreien.

Unsere Bürden tragen

Ich mag es, neue Bedeutungen in alten Songs zu finden. Das ist etwa bei dem Gospelsong *Down by the Riverside* der Fall. Wenn ich die Zeilen »Gonna lay down my burden, down by the riverside ...« höre, stelle ich mir Sklaven vor, die die Wäschebündel ihrer Herren zum Waschen ans Flussufer hinuntertragen. Ich stelle mir einen sonnigen Nachmittag und Menschen vor, die auf einem gewundenen Pfad zum Flussufer gehen. Dort treffen sie ihresgleichen. Ich stelle mir vor, dass dies eine schöne Unterbrechung von ihrer üblichen Plackerei auf den Baumwollfeldern ist, und dass der Druck einen Moment von ihnen abfällt. Vielleicht schwatzen sie und lachen, vielleicht singen und tanzen sie eine Zeit lang. Die Bürde, die sie ablegen, ist die physische Last der Wäschebündel, die sie tragen. Aber die mentale Bürde, ständig jemanden im Nacken zu haben, wird einen Moment lang ebenfalls abgelegt.

Perfektionistische Erwartungen können ebenfalls Bürden sein. Sie können uns davon abhalten, so, wie wir sind, und mit dem, was wir haben, glücklich zu sein. Wir klammern uns an unsere Erwartungen. Wir identifizieren uns mit ihnen und wollen sie nicht aufgeben. Manchmal müssen wir erst durch eine Krise gezwungen werden, die Situation neu zu bewerten und die schwierige Entscheidung zu treffen, sie abzulegen. Dazu passen zwei weitere Zeilen aus dem Gospel: »I ain't gonna study war no more, study war no more ...«.

Wenn wir unsere Illusionen ablegen, sind wir auf dem Weg zum Frieden. Wenn wir uns an unser Bild von idealen

Menschen und idealen Situationen klammern, befinden wir uns im Krieg mit der Realität. Wenn sich unsere hohen Erwartungen auf uns selbst richten, bekriegen wir uns selbst. Wenn sie sich auf andere richten, bekriegen wir sie.

In einer Krise müssen wir etwas aufgeben – entweder unsere Ideale und hohen Erwartungen oder die Menschen, die ihnen nicht gerecht werden. Was immer wir aufgeben – zunächst einmal empfinden wir es als Verlust und trauern darüber. Aber nach einiger Zeit können wir, wie es bei Maggie der Fall war, dieses »Aufgeben« auch als Erleichterung erleben.

Das ist ein Wachstumsprozess. Wir haben an Weisheit gewonnen, und wir leben mit einer größeren Freiheit in unseren Herzen. Wir sehen die Menschen, wie sie sind, und nicht durch die Brille unserer Erwartungen. Es ist eine befreiende Erfahrung, und sie ermöglichte es Maggie, ihr Lächeln und ihre Lebensfreude wiederzufinden.

Wenn wir uns hingegen sowohl an die Ideale als auch an die Menschen, die ihnen nicht entsprechen, klammern, so ist das eine deprimierende Erfahrung. Es ist ein Leiden ohne Ende, das mit endlosen Enttäuschungen verbunden ist. Wir sind dann weder bereit, unsere Erwartungen, noch die Menschen, die uns mit ihren Unzulänglichkeiten verärgern, aufzugeben.

Wenn das geschieht, verfangen wir uns im Stress, denn bei dem so erzeugten Leid handelt es sich um kein Leid, das zur Erkenntnis führt. Es ist vielmehr ein unaufhörlicher Kummer, der Erkenntnis verhindert. Wir widersetzen uns unserer weiteren Entwicklung. Dabei handelt es sich um ein spirituelles Problem, das nicht mit pharmakologischen Mitteln gelöst werden kann. Es kann nur gelöst werden, indem man den Leidenden auf sanfte Weise dazu bringt, die Notwendigkeit der Akzeptanz zu erkennen.

Akzeptanz ist eine dritte Alternative zwischen Verweigerung und Kapitulation, wenn keines von beiden akzeptabel ist. Akzeptanz bedeutet nicht Kapitulation, weil zu ihr gehört, dass wir unsere eigenen Grenzen finden. Anderen zu erlauben, so zu sein, wie sie sind, bedeutet nicht, dass wir ihr Leben leben müssen. Wir akzeptieren auch uns so, wie wir sind, während wir andere akzeptieren, wie sie sind. Wir erkennen die Freiheit anderer an und gestehen parallel dazu auch uns selbst das gleiche Maß an Freiheit zu.

In dem Moment, in dem man sich selbst befreit, befreit man auch andere.

Tragen Sie Ihre Bürden mit Leichtigkeit

Die Geschichte von dem chinesischen Mönch Hotei ist eine Metapher für das Tragen von Bürden. Hotei war ein exzentrischer Vagabund und lebte im zehnten Jahrhundert. Er ist der »dicke Buddha«, den wir oft in chinesischen Restaurants sehen können. Viele Menschen, die nur wissen, dass er ein fröhliches Wesen hat, setzen ihn mit Buddha selbst gleich, obwohl die beiden rund sechzehn Jahrhunderte trennen. Buddha und Hotei haben auch unterschiedliche ethnische Ursprünge – Buddha war Inder und Hotei Chinese. Es gibt weitere auffällige Unterschiede. Buddha war groß und schlank, Hotei klein und dick. Buddha lächelt, Hotei lacht.

Hotei lebte während der Blütezeit des Zen-Buddhismus in China und wird in einem Koan beschrieben. Er pflegte von Dorf zu Dorf zu marschieren, wobei er einen Sack auf seinem Rücken trug – seine »Bürde«. Der Überlieferung zufolge war sein Sack voll mit Leckereien und Spielsachen für die Kinder. Er war ein liebenswürdiger Mensch, aber in Anbetracht der Tatsache, dass er ständig auf Wanderschaft war, vermute ich, dass der Sack auch einiges an schmutziger Wäsche enthalten hat, was ihn, zumindest in meiner Vorstellung, mit den Sklaven verbindet, die mit ähnlichen Lasten auf ihrem Rücken zum Flussufer hinuntergingen.

Eines Tages ging ein Zen-Mönch zu ihm und fragte ihn: »Worin besteht die Bedeutung des Zen?«

Hotei legte seinen Sack ab.

»Woran erkennt man Zen?«, fragte der Zen-Mönch erneut.

Daraufhin hob Hotei den Sack auf und setzte seinen Weg fort.

Dieses Koan beschreibt das Ablegen einer Bürde, aber es geht darüber hinaus. Wir alle tragen Verantwortung in dieser Welt – Verantwortung gegenüber Kindern, Eltern, Partnern und der Arbeit. Ein erleuchtetes Leben ist keines, in dem man sich vor dieser Verantwortung drückt, sondern in dem man ihr gegenüber eine andere Haltung einnimmt.

Mutter Teresa hatte viel zu tun, da sie sich jeden Tag um viele Bedürftige kümmerte. Ich glaube allerdings nicht, dass sie dies als Bürde betrachtete. Sie »schulterte« ihre Verantwortung bereitwillig, so wie es Hotei im zweiten Teil des Koans tut. Ich kann mir nicht vorstellen, dass sie sich mit einem griesgrämigen Gesicht darüber beklagte, wie viel Arbeit sie zu verrichten hatte. Sie könnte in dieser Geschichte problemlos Hotei ersetzen.

Unsere Bürden fühlen sich leichter an, wenn wir sie aus Liebe statt aus Pflichtgefühl tragen. Wenn Pflicht durch Großzügigkeit ersetzt wird, kommt die Entscheidung zur Gleichung hinzu, und mit der Entscheidung kommt Bereitwilligkeit statt eines Gefühls der Versklavung ins Spiel. Die Sklaven hatten nicht die Freiheit der Wahl, darum nahmen sie ihre Lasten mit dem gleichen Pflichtgefühl wie vorher wieder auf. Aber vielleicht nahmen sie sie nach dem sonnigen Nachmittag am Fluss ein wenig fröhlicher auf.

Der Geist der Bereitwilligkeit ist der Beweis für eine freiwillige Arbeit. Ein Freiwilliger tut das, was er macht, definitionsgemäß bereitwillig – er beschließt, es zu tun. Was wir für andere tun, kann bereitwillig und aus Großzügigkeit getan werden. Die andere Seite der Münze besteht natürlich aus unserem Wissen um unsere Grenzen. Hotei war weise – er hat nicht versucht, einen Sack zu tragen, der zu schwer für ihn war. Sonst hätte er möglicherweise seinen Rücken geschädigt und wäre vielleicht noch nicht einmal mehr imstande gewesen weiterzugehen.

ÜBUNG

Verwandeln Sie Bürden in Blumen

Welche Bürden tragen Sie?

Der Zweck dieser Übung besteht zunächst einmal darin, dass Sie Ihre »Bürden« identifizieren, um anschließend zu lernen, sie mit Leichtigkeit zu tragen, so wie Hotei in dem Koan.

Lesen Sie die Schilderung der südamerikanischen Sklaven und den Koan über Hotei in diesem Kapitel noch einmal. Schreiben Sie anschließend alles auf, was Sie in Ihrem Leben als Pflicht betrachten – die Arbeit, die Versorgung der Kinder, die Betreuung der alternden Eltern, die Hausarbeit, die Lebensmitteleinkäufe und die Essenszubereitung –, die gesamte Liste mit allem Drum und Dran. Wenn Sie viele Dinge aus einem Pflichtgefühl heraus tun, kann Ihre Liste lang werden.

Üben Sie als Nächstes, all Ihre Verpflichtungen fallen zu lassen, und spüren Sie, wie sich das anfühlt. Dies entspricht der Phase, in der die Sklaven ihre Lasten ablegten und Hotei sein Bündel fallen ließ. Dabei handelt es sich um eine vorübergehende Phase. Für Sie könnte das beispielsweise heißen, dass Sie einen Spaziergang durch den Park unternehmen. Lassen Sie sich viel Raum, um den Druck abzulassen und das Gefühl der Freiheit zu genießen. Denken Sie während dieser Zeit am bestem überhaupt nicht an Ihre üblichen Verpflichtungen. Werfen Sie sie mental und physisch gleichermaßen ab.

Nehmen Sie anschließend Ihre Tätigkeiten aus Liebe und Großzügigkeit statt aus einem Gefühl der Verpflichtung an; mit Bereitwilligkeit statt mit Groll. Nehmen Sie die Tätigkeiten an, aber nicht den Stress, der sie zu begleiten pflegte. Auf diese Weise fühlen sich Bürden leichter an. Gestalten Sie Ihre Arbeit zu einer um, die ein Lächeln erzeugt und ein wenig Freude in den Arbeitstag Ihrer Kollegen oder Kunden bringt. Beginnen Sie mit sich selbst. Denken Sie daran: Hotei lacht. Aber es geht hier nicht um eine aufgesetzte Fröhlichkeit. Seien Sie einfach Sie selbst mit einer gewissen Portion an Freundlichkeit und Bereitwilligkeit, jeden so zu behandeln, wie Sie selbst gern behandelt werden würden.

Erinnern Sie sich gegenüber Ihren Kindern oder Ihrem Partner daran, dass Sie das, was Sie für sie tun, bereitwillig und aus Liebe tun. So, als würden Sie ihnen Blumen reichen. Lassen Sie alles, was sie tun, ein Verschenken von Blumen sein.

14.

Arbeit und Stress

Suche dir eine Arbeit, die du liebst, dann brauchst du keinen Tag in deinem Leben mehr zu arbeiten.

Konfuzius

Während der ersten Sitzung eines Achtsamkeitstrainings zum Stressabbau bitte ich die Kursteilnehmer oft, der Gruppe etwas über die Hauptstressursache in ihrem Leben zu erzählen. In einer Gruppe ergriff Mark, ein Audiologe im Ruhestand, als Erster das Wort. »Ich war so glücklich, als ich noch arbeitete. Ich hatte mein eigenes Büro, und ich habe auch einige Arbeiten für das Blindeninstitut erledigt. Es war bereichernd, Menschen helfen zu können, die meine Dienstleistungen brauchten. Jetzt fühle ich mich ziemlich nutzlos. Ich habe den ganzen Tag vor mir, ohne etwas zu tun zu haben. Das ist sehr belastend.«

Neben ihm saß Melinda, eine sechsunddreißigjährige Anwältin mit zwei kleinen Kindern. Ihre Stressgeschichte war ganz anders gelagert: »Ich habe so viel zu tun. Ich muss Fälle vorbereiten, Gerichtstermine planen, telefonische Fragen beantworten. Dann komme ich nach Hause, und die Mädchen brauchen mich. Es ist sehr aufreibend, keinerlei Auszeit zu haben.«

Mark und Melinda warfen einander irritierte Blicke zu. Sie schienen auf unterschiedlichen Planeten zu leben. Aber taten Sie das tatsächlich?

Die Tretmühle und der Abgrund

Manchmal wirkt die Arbeitswelt, als sei sie absichtlich so organisiert, dass sie zusätzlich Stress erzeugt. Gerade dann, wenn viele von uns am härtesten arbeiten, um ihre Karriere voranzubringen, kommen Kinder. Kurz darauf verlangen vielleicht unsere kränkelnden Eltern ebenfalls unsere Aufmerksamkeit. In einem »Leben in der Überforderung: Die ›Sandwich-Generation‹ kämpft mit dem Burn-out« überschriebenen Artikel in *Globe and Mail* meint die Reporterin Tavia Grant: »Mehr berufstätige Kanadier müssen sowohl für ihre Kinder als auch für ältere Verwandte sorgen – eine Belastung, die zu höheren Fehlzeiten, Stress und zunehmend zu Burn-out führt.«

Manchmal wird auch am Arbeitsplatz Druck ausgeübt, Überstunden zu leisten. Während in manchen Ländern die Wochenarbeitszeit sinkt wie in den Niederlanden, wo sie siebenunddreißig Stunden beträgt, oder in Frankreich, wo sie bei achtunddreißig Stunden liegt, dehnt sie sich in den Vereinigten Staaten über die traditionellen vierzig Stunden aus. Selbst wenn die Arbeitgeber nicht offen Überstunden verlangen, werden sie von den Beschäftigten häufig erbracht, weil diese hoffen, dadurch ihre Beförderungschancen verbessern zu können. Andere Mitarbeiter sind einfach in einer Arbeitsplatzethik gefangen, die einen »leidenschaftlichen Einsatz« hochhält.

Ein langer Arbeitstag erzeugt zusätzlichen Stress und fordert an vielen Fronten seinen Tribut. Zum Beispiel lassen laut dem National Cancer Institute aus experimentellen Studien gewonnene Ergebnisse darauf schließen, dass psychischer Stress das Wachstum und die Ausbreitung eines Tumors beeinflussen kann.

Dann endet zu einem bestimmten Zeitpunkt plötzlich all diese Geschäftigkeit, und Melindas Leben beginnt so auszusehen wie Marks. Die Kinder werden erwachsen und verlassen das elterliche Zuhause, das Rentenalter tritt ein, und die alternden Eltern kommen in ein Altersheim oder sterben. Die einst viel beschäftigte Person fühlt sich jetzt möglicherweise, als würde sie in einen Abgrund stürzen. Von dem Stress, zu beschäftigt zu sein, ist sie in den Stress geraten, nicht genug zu tun zu haben. Und von dem Traum vom Ruhestand wechselt sie jetzt vielleicht in die Sehnsucht nach irgendeiner sinnvollen Beschäftigung über, die ihre leeren Tage füllt.

Achtsamer Übergang: vom Stress, nicht von der Arbeit zurückziehen

Nach seiner Emeritierung als Mathematikprofessor von der Université du Québec blickte Eugene nie mehr zurück. Er unterrichtete noch als Neunzigjähriger drei Tage die Woche ehrenamtlich Studenten in Mathematik. Besonders gut war er darin, Studenten zu helfen, die Angst vor der Mathematik hatten. Sein tief gehendes Fachwissen und sein Humor ermöglichten es ihm, Mathematik auch auf eine unkonventionelle Weise zu vermitteln.

Vermutlich kennen Sie aus Ihrem eigenen Umfeld Beispiele von Menschen, die den Übergang in einen erfüllten Ruhestand erfolgreich gemeistert haben. Solche Menschen haben folgende Herausforderungen bewältigt:

- Während ihrer Berufstätigkeit lieferte ihre Arbeit ihnen Sinn und Zweck. Nun müssen sie diese in ihren eigenen Herzen finden.
- Durch die Arbeitszeiten und die mit der Arbeitsstelle verbundenen Anforderungen wurde ihnen eine bestimmte Disziplin abgefordert. Jetzt müssen sie aus sich selbst heraus Disziplin aufbringen.
- Die Verpflichtung, ihren Lebensunterhalt zu verdienen und die Familie zu versorgen, hat sie während ihres Berufslebens angetrieben. Jetzt müssen sie in sich selbst Antriebsgründe finden.

Einiges an Stress ist durch die Struktur unseres Arbeitslebens bedingt. Wenn wir uns einiger der Fallen der Arbeitswelt bewusst sind, sind wir besser darauf vorbereitet, mit ihnen fertigzuwerden. Der folgende Abschnitt beschreibt eine Strategie, die ich als außerordentlich hilfreich erlebt habe.

Kann man sich während der Arbeit ausruhen?

Vor einiger Zeit gab Thich Nhat Hanh bekannt, dass er sich auf eine dreiwöchige Lehrreise nach China begeben werde, und er lud die Mitglieder seiner Übungsgemeinschaft ein, ihn zu begleiten. Ich ergriff die Gelegenheit und meldete mich an. Aber als ich den angesetzten Terminplan sah, kamen mir Zweifel. Jeder Tag war vom Morgen bis zum Abend voller Veranstaltungen. Es gab keine Ruhepausen.

Ich bezweifelte, dass ich die Fähigkeit haben würde, diese Reise durchzustehen und zu genießen, und darum ging ich zu Schwester Annabel Laity, einer der Organisatorinnen, um meine Bedenken mit ihr zu besprechen. Sie hörte mir zu und sah den Terminplan an, den ich vor sie hingelegt hatte. Dann sagte sie etwas, das ich nicht mehr vergessen habe: »Warum ruhen Sie sich nicht während der Veranstaltungen aus?« Ich blickte hoch und sah eine entspannte Frau. War sie jetzt als Teil des Organisationsteams für diese komplizierte Reise, die uns durch alte, auf Berggipfeln gelegene Tempel führen würde, bei der Arbeit und beantwortete alle möglichen Fragen der rund dreihundert Teilnehmer oder ruhte sie sich aus? Ich sah, dass sie tatsächlich beides tat – sie praktizierte, was sie mir empfahl.

Sich bei der Arbeit ausruhen ist mit Achtsamkeit wirklich möglich. Aber ich gehe noch einen Schritt weiter und behaupte, dass man sich ohne Achtsamkeit selbst dann nicht so ohne Weiteres entspannen kann, wenn man bestimmte Zeiten zum Ausruhen vorsieht. Auch wenn man seine Arbeit und seine Ruhephasen voneinander trennt, ist man möglicherweise nicht imstande, sich während der Zeit, die man als Pausen vorgesehen hat, zu entspannen. Warum? Weil der Geist weiterarbeitet und sich vielleicht über das eine oder andere sorgt oder sich über etwas aufregt, das am Vortag passiert ist und worüber man sich geärgert hat. Ihr Geist durchlebt dieses ärgerliche Vorkommnis möglicherweise wieder und wieder und überschwemmt dabei Ihren Körper mit den gleichen Stresshormonen wie bei dem tatsächlichen Geschehen.

Die Fähigkeit, sich wirklich auszuruhen, ist einer der Vorzüge, wenn man im Augenblick lebt. Vielen Menschen ist das nicht klar. Sie sagen zum Beispiel: »Ich will mich ausruhen und liege einfach auf der Couch.« Doch wenn sich der Geist nicht im Augenblick befindet, ist er auch nicht bei Ihnen auf der Couch. Er ist dann woanders und ruht sich nicht aus. Und wenn sich der Geist nicht ausruht, tut es der Körper auch nicht. Geist und Körper sind nicht voneinander getrennt. Lesen Sie noch einmal den Übungsabschnitt in Kapitel 10 »Achtsam fahren«, und wenden Sie die daraus gewonnenen Einsichten auf die Arbeit oder auch auf das Liegen auf der Couch an. Liegen Sie einfach auf der Couch, wenn Sie auf der Couch liegen. Arbeiten Sie einfach, wenn Sie arbeiten – ohne Groll, Sorgen oder zu viel darüber nachzudenken. Arbeiten Sie mit einem friedlichen Geist und einem Lächeln im Herzen. Verfangen Sie sich nicht im Stress und in der Angst anderer Menschen. Das können Sie verhindern, indem Sie den Übungsanweisungen in diesem Buch folgen.

Es ist eine Tatsache, dass man sich, wenn man sich aus dem Arbeitsleben zurückzieht, nicht notwendigerweise auch vom Stress zurückzieht, und um sich vom Stress zurückzuziehen, muss man sich nicht notwendigerweise aus dem Arbeitsleben zurückziehen.

Arbeiten, ohne das Geld zu brauchen

Mark brauchte das Geld nicht, aber er brauchte das mit der Arbeit verbundene Engagement. Die Entwicklung des Menschen ist darauf ausgerichtet, aktiv zu sein – zu gehen, zu laufen, zu sammeln, zu gärtnern und zu jagen. Sie haben sich nicht entwickelt, um zum Lebensmittelgeschäft zu fahren, die Waschmaschine zu benutzen oder sich über einen Lieferservice Essen zu bestellen. Jeder Tag, an dem wir nicht physisch aktiv sind, hindert uns in unserem Streben, gesund zu sein und lange zu leben. Jeder Tag, an dem wir nicht einem Traum folgen, bringt uns dem Verfall näher. Und es ist nicht so, dass es keine Träume gibt, die zu verfolgen sich lohnen würde. Die Notwendigkeit, für eine bessere Welt und für eine friedfertigere und gerechtere Gesellschaft zu arbeiten, besteht nach wie vor mit gleicher Dringlichkeit.

Mark stellte fest, dass der Ruhestand nicht so war, wie er es sich ausgemalt hatte – eine Zeit voller Freiheit und Spaß. Er hat sich möglicherweise auf seine Pensionierung gefreut und manchmal die Tage bis dahin gezählt, aber als sie kam, wurde sie von dem Verlust eines Ziels und seines gewohnten Platzes im Leben begleitet. Ein Leben, das im Widerspruch zu unserer wahren Natur steht, erzeugt Stress.

Wer nicht arbeitet, soll auch nicht essen

Pai Chang, ein chinesischer Zen-Meister, der im achten Jahrhundert lebte, war ein eifriger Verfechter der täglichen Arbeit und setzte seine tägliche Arbeitsroutine selbst im hohen Alter noch fort. Aus Sorge um sein Wohlergehen drängten ihn einige Mönche, die Dinge leicht zu nehmen und sich auszuruhen. Als er nicht dazu bereit war, versteckten sie seine Gartenwerkzeuge. Daraufhin weigerte sich Pai Chang zu essen. Er sagte: »Wer nicht arbeitet, soll auch nicht essen.«

Wir können Bewunderung für seine edle Geste empfinden, die zweifellos bewunderungswürdig war. Aber Pai Changs Motiv lag möglicherweise einfach darin, dass er nicht das Gefühl haben wollte, nutzlos zu sein, und dass er dem Stress entgehen wollte, der durch Langeweile im Ruhestand erzeugt wird. Seine Arbeit im Garten und im Unterricht war ein Ausdruck seines Lebens, und wenn seine Freizeit wie Arbeit wirkte, so wirkte seine Arbeit doch zugleich auch wie Freizeit.

Ständige Freizeit ohne jede Spur der Nützlichkeit für andere oder für die Welt kann ebenso belastend wirken wie eine widerwillig ausgeführte Tätigkeit.

ÜBUNG

Zünden Sie eine kleine Kerze an

Das sprichwörtliche Anzünden einer kleinen Kerze und das Verfluchen der Dunkelheit beginnen auf die gleiche Weise: indem man sich eines Problems oder eines Bedürfnisses bewusst wird, das bisher nicht in geeigneter Weise angepackt wurde. Aber damit hören die Gemeinsamkeiten auch schon auf. Das Verfluchen der Dunkelheit vermittelt uns möglicherweise ein Überlegenheitsgefühl, weil wir es besser wissen als jene Leute, die in der Dunkelheit festsitzen – wir sind besser als sie. Aber unser Fluchen hilft niemandem. Es ist lediglich ein Akt der Kritik. Das Anzünden einer kleinen Kerze ist hingegen ein Akt der Liebe.

Vor vielen Jahren habe ich eine Geschichte über eine Frau gelesen, die zur Stunde ihres Todes eine Karotte in der Hand hält und unwiderstehlich zum Himmel hingezogen wird. Zunächst ist sie erstaunt und verwirrt. Dann beginnt sie, sich zu erinnern. Als junges Mädchen war sie an einem Obdachlosen auf der Straße vorbeigekommen. Spontan hatte sie in ihre Brotzeittüte gegriffen, die ihre Mutter für sie zubereitet hatte, eine Karotte hervorgezogen und sie dem Obdachlosen gegeben. Jetzt kam sie aufgrund der einen guten Tat in den Himmel.

Hier ist die Übung: Behalten Sie diese Geschichte in Erinnerung und seien Sie bereit.

Die Darstellung der Grünen Tara, einer tibetischen Schutzgöttin und Bodhisattva, veranschaulicht diese Haltung der Bereitschaft. Die Grüne Tara sitzt in der Meditationshaltung da, aber sie hat nur ein Bein auf die übliche Weise angezogen. Das andere ist ein wenig vorgestreckt, was ausdrückt, dass sie jederzeit bereit ist, aufzustehen und zu helfen, wenn sie gebraucht wird. Wird jemandem der Zutritt zum Bus verwehrt, weil er kein Geld für eine Fahrkarte hat? Wenn Sie wie die Grüne Tara bereit sind, werden Sie die Gelegenheit erkennen.

Es gibt viele Möglichkeiten, eine kleine Kerze anzuzünden. Valerie, die im Erdgeschoss eines Zweifamilienhauses in einem Wohnbezirk von Montreal wohnt, hat sich ein interessantes Projekt ausgedacht. Sie hat ein kleines rotes Haus mit Schiebefenstern gebaut, in das rund dreißig Bücher passen, und es auf dem Zaun vor dem Rasen ihres Vorgartens angebracht. An dem mit Büchern gefüllten Häuschen hat sie ein Schild befestigt, auf dem steht: »Bring ein Buch, nimm ein Buch.« Sie hat erzählt, dass dort seither ein reges Kommen und Gehen herrscht.

Vielleicht fragen Sie sich, in welcher Weise das Anzünden einer kleinen Kerze zum Stressabbau beiträgt. Das Verfluchen der Dunkelheit zieht Ihnen Energien ab. Jedes Mal, wenn Sie herumwettern, erleben Sie die gleichen Gefühle der Gereiztheit und der Wut erneut. Dagegen nährt es Ihre Seele, wenn Sie eine kleine Kerze anzünden. Wenn Sie etwas tun, das Ihrem Herzen entspricht, können Sie spüren, wie sich Ihr Stress verflüchtigt. Was auch immer Sie jedoch tun, seien Sie stets bereit, ein paar Karotten zu teilen – man kann ja nie wissen …

15.

Sein Gleichgewicht durch einen spirituellen Weg finden

Wir wurden als Blumen geboren.

Thich Nhat Hanh

In dem Avatamsaka-Sutra wird das Universum als alles Sein umfassende Blume beschrieben. Die Erde ist danach ebenso eine Blume wie jedes einzelne Wesen auf der Erde. Diese Sichtweise bildet einen scharfen Gegensatz zu der wirtschaftlichen Auffassung vom Menschen als »Arbeitskraft«. Viele Unternehmen neigen dazu, Menschen als Zahnräder in einer Maschine zu behandeln, und manche gehen mit ihren Maschinen sogar noch besser um als mit ihren Mitarbeitern, weil Maschinen teure Investitionen darstellen.

Möglicherweise hat die Wirtschaft mit einer aus Blumen zusammengesetzten Mitarbeiterschaft Probleme. Aber Menschen empfinden es als belastend, wenn sie ohne Rücksichtnahme und Respekt behandelt werden – Respekt nicht nur vor unseren Rechten, sondern auch vor unserer Natur. Wir haben sowohl unsere Blumennatur als auch die Fähigkeit in uns, effizient zu arbeiten. Wir sind sowohl »Arbeitskräfte« als auch »Blumen«. Zweifellos muss ein Gleichgewicht zwischen diesen beiden Betrachtungsweisen des Menschen hergestellt werden, zwischen unseren beiden Arten, uns selbst zu sehen. Wir müssen dieses Gleichgewicht innen finden. Wenn wir es innen finden, wird es leichter werden, außen danach zu suchen.

Spirituelle Wege haben aus einem Grund die Jahrhunderte überdauert – sie dienen der Findung wichtiger Erkenntnisse über das Leben. Manche dieser Erkenntnisse sind verloren gegangen, oder sie sind für unsere individualistische, zweckorientierte Weltsicht nicht befriedigend formuliert. Land ist Geld, Zeit ist Geld, und »Humanressourcen« sind auch Geld, wie der häufig verwendete Begriff »Humankapital« zeigt. Wenn man aber alles auf Geld reduziert, erzeugt dies Stress, weil das die Tage und die Nächte bedeutungslos werden lässt, und auch, weil wir tief in unserem Inneren wissen, dass es mehr im Leben gibt als Geld.

Thich Nhat Hanh hat dieses tiefe Wissen in folgende Zeilen gefasst:

Jeder Augenblick, den du lebst, ist ein Juwel,
der alles mit seinem Glanz durchdringt
und Erde und Himmel,
Wasser und Wolken enthält.

In dem ganzheitlichen Universum von Thich Nhat Hanh gibt es keine trennende Mauer zwischen der augenscheinlich immateriellen Natur der Zeit und der augenscheinlich materiellen Beschaffenheit der Erde. In der Anmerkung zu einem anderen Gedicht mit dem Titel *Cuckoo Telephone* führt Thich Nhat Hanh noch Folgendes aus: »Ein Freund, der dich besucht, ohne ein wenig Mondlicht in seinem oder ihrem Reisegepäck zu haben, ist zu beschäftigt. Wenn du solch einen Freund triffst, dann frage ihn oder sie: ›Hast du genug Mondlicht in deinem Gepäck?‹ Das gleicht dann einem Achtsamkeitsglöckchen.«

Haben *Sie* genug Mondlicht in Ihrem Gepäck?

»Stelle dir Himmel und Erde nicht als diese Welt oder die nächste vor; wisse, dass sie auf ewig und in jedem vorübergehenden Augenblick koexistieren«, sagte Dogen, der im dreizehnten Jahrhundert lebende Begründer des Soto-Zen. Lassen Sie uns einen Weg finden, in diesen koexistierenden Welten gleichzeitig zu leben.

»Jede Blume, jedes Blatt ist ein Brief aus dem Land des Interseins«, ergänzt Thich Nhat Hanh. Der von ihm geprägte Begriff Intersein oder Interbeing meint das allverwobene Netz allen Seins. Wenn wir diese Briefe wertschätzen und sie wieder und wieder lesen, erwerben wir uns allmählich ebenfalls unseren Platz in jenem Netz.

Ein spiritueller Weg kann dazu beitragen, dass wir unser Verständnis von Liebe über die romantische Liebe hinaus ausdehnen. Er weist die Richtung zu einem anderen Aspekt der Liebe, der frei von Besitzgier, Egoismus und Ausschließlichkeit ist. Er öffnet uns die Augen für Mitgefühl, Einfühlung und Güte – wohlwollende Gefühle, die mit dem Wunsch verbunden sind, dass alle Menschen glücklich werden. Dies wiederum verbessert unsere Beziehungen. Selbst romantische Beziehungen können von einer

Erweiterung des Verständnisses von Liebe profitieren, die durch eine spirituelle Praxis entsteht.

Nicht zuletzt angesichts des Todes spendet ein spiritueller Weg Trost. Nach dem buddhistischen Glauben existieren Sie und ich nicht als getrennte Wesen – abgesehen von unserem äußeren Getrenntsein im üblichen Sinne. Die Fotos in unseren Modemagazinen und Boulevardzeitungen bestätigen unsere vorherrschende Vorstellung, dass die Körper auf den Bildern die abgebildeten Menschen *sind.* Wenn wir in den Badezimmerspiegel blicken, denken wir: »Das bin ich.« Buddhisten erkennen an, dass dies in gewissem Grade stimmt, weil das Bild fraglos niemand anderen zeigt; aber sie halten es für zutreffender, einen Menschen über seine Handlungen zu identifizieren.

Unser Körper verändert sich ständig. Ich habe ein Foto von einer meiner Töchter als Neugeborene in einer Salatschüssel. Seither hat sie sich ziemlich verändert. Eines Tages wird sich mein eigener Körper noch radikaler ändern und von der Natur recycelt werden. Unsere Taten jedoch hallen über Jahrhunderte nach. Martin Luther King junior ist heute noch immer am Leben, wenn wir an ihn in Form seiner Handlungen denken. Wenn wir in Form seines Körpers an ihn denken, ist er schon seit Langem tot.

Wenn man sich mit seinem Körper identifiziert, kann dies verständlicherweise Angst vor dem Tod auslösen. Die Identifikation mit den eigenen Handlungen kann hingegen Trost spenden. Oder wie Margaret in Mitch Alboms Roman *Die fünf Menschen, die dir im Himmel begegnen* sagt: »Liebe geht nie verloren.«

Die Beziehung zwischen Stress und Krankheit gleicht der zwischen Henne und Ei – Stress ist bei vielen Krankheiten ein Verstärkungsfaktor, und Krankheit verstärkt wiederum unseren Stress. Und die Angst vor dem Tod ist auch ein riesiger Stressfaktor. Aber der Tod ist der Tod, er ist, was er ist. Es sind die ihn umgebenden Gefühle und Gedanken, die sehr belastend sein können.

Schließen Sie einen Augenblick lang Ihre Augen und konzentrieren Sie sich auf den Strom von Empfindungen, der unser Selbstempfinden durchzieht. Der Tod ist lediglich das Ende dieses Stroms; das Ende der Filmrolle, das Ende des Films. Und dann herrscht Stille. An sich ist das nicht die außerordentlich furchteinflößende Erfahrung, die wir daraus machen. Wir tragen mit unseren mit dem Tod verbundenen Gedanken und Gefühlen dazu bei, ihn zu einem belastenden Ungeheuer zu machen.

Evolutionsbedingt sind wir darauf programmiert, um unser Leben zu kämpfen, und die Kampfmetapher – der Kampf gegen eine Krankheit beispielsweise – formt unsere Gefühle. Danach bedeutet Tod, dass wir den Kampf verloren haben. Aber ist das Leben wirklich ein Kampf, den man gewinnt oder verliert? Wenn das Verlieren dieses Kampfes den Tod bedeutet, was bedeutet dann ein Sieg? Ewiges Leben? Die Kampfmetapher bewirkt, dass wir uns am Ende alle als Verlierer empfinden.

Warum betrachten wir das Leben nicht als Geschenk? Wenn Sie eines Tages 10 000 Euro geschenkt bekämen, würden Sie die dann nicht auch ausgeben und dies genießen? Können Sie 10 000 Euro genießen, ohne sie auszugeben oder auf irgendeine Weise zu verwenden?

Belastende Lebensabschnitte

Ich habe einmal ein Radiointerview mit der kanadischen Tänzerin Margie Gillis gehört. Sie sagte, nicht nur Kinder hätten Wachstumsschübe. Sie habe kürzlich eine Art Wachstumsschub erlebt und sich in einem Zeitraum von sechs Monaten von einer jungen zu einer Frau mittleren Alters entwickelt.

Manchmal schleicht sich unbemerkt eine Veränderung in unser Leben ein und vermittelt uns den Eindruck, sie habe plötzlich stattgefunden, während sie sich in Wirklichkeit kontinuierlich vollzieht. An einem bestimmten Tag bemerken wir plötzlich, dass Sommer ist. In einem bestimmten Moment stellen wir fest, dass es Nacht geworden ist. Eines Tages erkennen wir möglicherweise, dass die Art von Beziehung, die wir zu unserem Sohn oder zu unserer Tochter hatten, einen Verfallstermin hat, der schnell näher kommt. Während der einzelnen Lebensabschnitte befinden wir uns zwischen zwei Identitäten, und möglicherweise klammern wir uns auch dann noch an unsere vorherige, wenn wir wissen, dass unsere Stunde geschlagen hat. Dieses Festklammern erzeugt Stress.

Eines Tages verlässt die junge Frau ihre Schachtel und begibt sich in die der »Frau mittleren Alters«. Tatsächlich hat sie sich jeden Tag in diese Richtung bewegt. Aber an jenem Tag trifft es sie mit voller Wucht. Diese Erfahrung ist eine Art Midlife-Crisis. Stress entsteht, wenn wir nicht erkennen, dass all unsere Selbstverständnisse nur eine vorübergehende Gültigkeit haben.

Wenn wir unsere situationsbezogenen und zeitweiligen Identitäten zu ernst nehmen, erzeugt dies Stress. Aber wir können unsere kurzzeitigen Identitäten mit Begeisterung annehmen, solange wir ehrlich dazu stehen, wer wir in unserem Innersten sind. Ein spiritueller Weg erleichtert dies. Er ermöglicht es uns, unsere Verantwortung aus ganzem Herzen anzunehmen und zugleich eine gewisse ironische Distanz zu uns zu bewahren. Eine Geschichte aus dem Leben des japanischen Zen-Meisters Hakuin aus dem achtzehnten Jahrhundert veranschaulicht diese Haltung gut:

Eine unverheiratete junge Frau, die in der Nähe von Hakuins Tempel lebte, wurde schwanger. Ihre erzürnten Eltern verlangten zu wissen, wer der Vater sei. Die junge Frau wollte ihren Liebhaber schützen und behauptete in ihrer Panik, es wäre Hakuin.

Als das Baby geboren wurde, brachten es die Eltern zu ihm. Sie sagten zu ihm, er solle sich um das Baby kümmern, weil er ihre Tochter verführt habe. »Ist das so?«, fragte Hakuin, nahm das Baby und versorgte es liebevoll und bereitwillig einige Monate oder Jahre lang – die Berichte enthalten unterschiedliche Aussagen hierzu. Dann kreuzte der wirkliche Liebhaber auf und bekannte, was geschehen war. Er wollte die junge Frau jetzt heiraten. Beschämt suchten die Eltern Meister Hakuin erneut auf und baten ihn unter vielen Entschuldigungen, ihnen das Kind zurückzugeben, da er nicht der Vater sei. »Ist das so?«, fragte Hakuin und gab ihnen das Kind lächelnd zurück.

Diese Geschichte liefert eine anschauliche Beschreibung dessen, was mit dem Sprichwort »Wenn dir das Leben eine Zitrone gibt, dann mach Limonade daraus« gemeint ist. Sie gibt auch einem emotional belasteten Thema ein Gegengewicht, Gelassenheit und Mitgefühl.

ÜBUNG

Gehmeditation

Gehe und berühre jeden Augenblick den Frieden.
Gehe und berühre jeden Augenblick das Glück.
Jeder Schritt bringt eine frische Brise.

Thich Nhat Hanh

Viele Meditationsanfänger stellen während der Meditation fest, dass ihr Geist voller Gedanken ist. In der Tat ist der Geist die meiste Zeit über voller Gedanken. Das wird uns bewusst, wenn wir meditieren, weil uns dann weder ein Buch noch ein Gespräch oder sonst etwas ablenkt.

Wenn wir gehen, nehmen wir diesen geschäftigen Geist mit uns. Selbst im Paradies.

Wa'ahila Ridge State Park auf der hawaiianischen Insel O'ahu kommt dem Paradies so nahe, wie man ihm auf dieser Seite des Himmels nur kommen kann. Ich war zu Beginn meiner buddhistischen Reise nach einer Zen-Klausur im

Diamond Sangha dorthin gefahren, um das Innere der Insel zu erkunden. Zunächst war ich ganz erfüllt von der Freude, aus dem Auto steigen, die mit dem Duft der Pinienbäume getränkte Luft einatmen und mich nun in der Stille der Wälder befinden zu können. Aber nachdem ich eine halbe Stunde gegangen war, bemerkte ich plötzlich, dass der Reiz des Neuen vorbei und mein Geist nicht mehr anwesend war. Er befand sich vielmehr in Montreal bei meiner Familie und in den Straßen der Ortschaft, in der ich wohne. Ich war eine ganze Weile wie ein Zombie herumgelaufen.

Das passiert am Anfang der Achtsamkeitsübungen: Sie bemerken vielleicht, dass Sie mit den Gedanken woanders sind, aber Sie bemerken dies nur »nach einiger Zeit«. Mit zunehmender Übung wird es einfacher, den Geist dabei zu ertappen, wenn er im Begriff ist, zur Erinnerungsstraße abzubiegen.

Ich blieb stehen und nahm mir ein paar Augenblicke, um wieder mit meinem Atem in Kontakt zu kommen. Dann setzte ich meinen Weg in langsamerem Tempo fort und nahm die Blüten des Ohia-Baums und die Erdbeerguavenbäume mit ihren über den Boden ragenden Wurzeln in mich auf. David Bader schreibt in seinem Buch *Zen Judaism*: »Sei jetzt hier, sei später irgendwo anders. Ist das so kompliziert?« Aber für mich war es nicht leicht. Ich beschloss, jedes Mal stehenzubleiben, wenn ich bemerkte, dass ich in Gedanken war. Ich fühlte mich ein wenig wie Henry David Thoreau, als er notierte: »Ich bin alarmiert, wenn es geschieht, dass ich körperlich eine Meile durch den Wald zurückgelegt habe, ohne im Geiste mitgegangen zu sein.«

Es ist nicht so, dass Gedanken »schlecht« sind. Aber wenn Körper und Geist vereint sind, inspiriert und erfrischt ein Spaziergang beide. »Ich bin in den Wald gegangen, weil ich bewusst leben und mich nur mit den wesentlichen Fakten im Leben auseinandersetzen und sehen wollte, ob ich nicht lernen konnte, was ich lehren musste, und weil ich in der Stunde meines Todes nicht feststellen wollte, dass ich nicht gelebt hatte.« Thoreaus Weisheit basiert auf den Sinnen und auf dem Hier und Jetzt. Es ist keine einseitige, rein kognitive Art von Weisheit.

Wenn wir gehen, um etwas zu besorgen oder an einen bestimmten Ort zu kommen, macht uns unser Ziel blind. Wir sind noch nicht dort, aber wir sind auch nicht hier. Wir sind weder hier noch dort und befinden uns in einem Schwebezustand.

Denken Sie daran, dort zu sein, wo Sie sind, bis Sie an ihrem Ziel ankommen. Wenn Sie dann dort sind, werden Sie noch immer »hier« sein, nur dass »hier« jetzt ein anderer Ort ist. Der Trick dabei ist, immer zu spüren, dass Sie »hier« sind. Auf diese Weise nehmen Sie das »Hier« mit sich, wo auch immer Sie hingehen. Das stimmt mit den Fakten überein – hier und dort hängen beide von der jeweiligen Perspektive ab.

Eine andere Möglichkeit, die Gehmeditation zu praktizieren, besteht darin, dass man sich immer zu Hause fühlt. Das ist eine weitere Bedeutung von »hier«. Zu Hause ist dort, wo das Herz ist. Lassen Sie Ihr Herz dort sein, wo Sie sind. Tatsächlich und wissenschaftlich betrachtet sind wir jetzt hier und nirgendwo sonst. Wir leben immer im Hier. Wenn Sie dies beachten, bewahren Sie die Einheit von Körper und Geist. Gehen Sie zu Ihrem Auto? Denken Sie bei jedem Schritt »Ich bin angekommen«, nicht »Ich werde ankommen«. Sie können auch bei jedem Schritt »hier« sagen, um sich an dieses Prinzip zu erinnern. Sie können auch das folgende kleine Mantra wiederholen:

Mit jedem Atemzug ein Lächeln,
Mit jedem Schritt eine Blume.
Ich bin bereits angekommen,
Ich bin bereits zu Hause.

Und denken Sie, wenn Sie in Ihr Auto steigen, nicht »Ich werde bald zu Hause ankommen«, sondern »Ich bin bereits angekommen, ich bin bereits zu Hause«. Sie sind im Zuhause Ihres Herzens.

Tagträumereien beim Gehen nachzuhängen, wie ich es in O'ahu tat, ist eine andere Art, nicht gegenwärtig zu sein. Als ich dies bei mir bemerkte, blieb ich, wie gesagt, stehen und nahm Verbindung zu meinem Atem auf. Es ist der Körper, der atmet. Wenn wir bei unserem Atem sind, sind wir bei unserem Körper. Und der Körper ist immer hier. Dann richtete ich meine Aufmerksamkeit auf all meine Sinne. Die Sinne gehören ebenfalls zum Körper. Ihre Sinneswahrnehmung können Sie auf das Äußere konzentrieren und ebenso auf Ihre inneren Empfindungen, beispielsweise auf die Empfindungen, die Sie haben, wenn Sie einen Schritt machen, oder die Sie beim Ausbalancieren spüren oder die von allen Muskelverspannungen ausgesendet werden, die Sie mit sich herumtragen.

Das Meditationsthema von Thich Nhat Hanh eignet sich gut für das Gehen: »Jeder Schritt ist Frieden.«

Wenn Sie ein schweres Problem bedrückt, könnte folgendes durch ein Gedicht von Thich Nhat Hanh inspiriertes Mantra hilfreich sein: »Wenn ich einatme, komme ich auf eine Insel des Friedens in meinem Herzen zurück.«

Statt eines Nachworts

Hier und Jetzt

»Hier« und »Jetzt« sind Zwillinge.
»Hier« gibt »Jetzt« seine Farbe,
und »Jetzt« gibt »Hier« sein Parfum.
Keins lässt sich in eine Schublade stecken,
weil beide für immer in alle Richtungen laufen.
»Hier« kann nadelspitz sein,
aber es gibt eine Hand, welche die Nadel hält,
und ein Auge, das sie lenkt,
und ein Universum, das sie unterstützt.
Achtsamkeit ist Augenzwinkern,
ein Zwinkern und ein Lächeln,
das nicht bei einer Lüge
oder bei metaphysischem Geschwätz erwischt
wird.
Es weiß, das hinter jenem Auge
eine Leber liegt,
eine Milz und eine Blase.

Danksagung

Meine tiefe Dankbarkeit gehört Thich Nhat Hanh für das Vertrauen, das er mir durch meine Ernennung zum Dharma-Lehrer seiner Ordinationslinie erwiesen hat. Dies hat es mir ermöglicht, mich auf andere Weise auf die buddhistische Lehre zu beziehen und dafür die persönliche Verantwortung zu übernehmen.

Stammen unsere Vorstellung und Einsichten nur von uns, oder kommen sie auch aus unterschiedlichen Quellen, zu denen auch unsere Kultur und unsere Lehrer gehören? Für mich ist die buddhistische Tradition eine ergiebige und stets erfrischende Quelle der Inspiration. Ich bin vielen früheren und gegenwärtigen Lehrern zu Dank verpflichtet, die diese Tradition am Leben gehalten haben.

Ich verneige mich tief vor dem inzwischen verstorbenen Robert Aitken Roshi, der mir einen ersten Eindruck vom Zen-Buddhismus vermittelte.

Ich danke ferner all jenen, die meine Achtsamkeitsmeditationstrainings zur Stressreduktion und zum persönlichen Wachstum besucht oder die mich im Laufe der Jahre für persönliche Gespräche aufgesucht haben. Ihre Fragen haben mich angespornt, tiefer zu gehen, und sie haben mir viel Material für dieses Buch geliefert. Die Teilnehmer eines Kurses danken häufig demjenigen, der sie unterrichtet. An dieser Stelle möchte ich den Dank gern erwidern und sagen, wie sehr ich zu schätzen weiß, was auch ich während jener Kurse gelernt habe.

Mein Dank geht außerdem an Chantal Jacques und Valerie Legge, die eine frühe Fassung des Manuskripts gelesen und wertvolle Kommentare dazu abgegeben haben. Dankbar bin ich auch meinem Lektor Andrew Yackira, der dieses Projekt auf ungezwungene und hilfreiche Weise bis zur Fertigstellung begleitet hat, und all den Mitarbeitern bei Tarcher/Penguin für ihre Hilfestellungen bei unterschiedlichen Aspekten dieses Projekts.

Danken möchte ich schließlich noch meiner Partnerin Suzanne Forest, dass sie sie selbst ist.

Und ich danke den Blumen und Bäumen dafür, dass sie die Welt schöner machen.

Mary Paterson

Die Mönche und ich

Was haben ein Granatapfel, ein kaputter Kopfhörer, ein viel zu schwerer Koffer, ein verdorbener Fisch und eine Handvoll singender Mönche mit dem Sinn des Lebens zu tun?

»Eine Buddhistin mit Sinn für Humor! Mary Paterson beschreibt einen lebensfrohen Buddhismus, der uns in dieser eigenartigen Welt helfen kann, ein freies, glückliches Leben zu führen.« *Brian Haycock*, Autor von *Dharma Road*

978-3-7787-8240-8

Leseprobe unter:
www.ansata-integral-lotos.de

Lotos